KB117317

영어회화
마스터
1000+
여행회화편

영어회화 마스터 1000+ 여행회화편

지은이 오영일
펴낸이 임상진
펴낸곳 (주)넥서스

초판 1쇄 발행 2014년 8월 25일
초판 6쇄 발행 2019년 11월 1일

출판신고 1992년 4월 3일 제311-2002-2호
주소 10880 경기도 파주시 지목로 5
전화 (02)330-5500 팩스 (02)330-5555

ISBN 978-89-6790-912-3 13740

가격은 뒤표지에 있습니다.
잘못 만들어진 책은 구입처에서 바꾸어 드립니다.

www.nexusbook.com

하루 10개 Chunk 표현으로 한 달 1000문장 말하기

영어회화 마스터 1000+

여행회화편

오영일 지음

넥서스

저자가 직접 강의해 주는 MP3 파일이 있어 정말로 바로 옆에서 같이 공부하는 것 같아요. 책 한 권 구매했을 뿐인데 과외 선생님이 생겼어요! 마치 1:1 과외를 받는 기분이에요~. 내용도 어렵지 않고 덩어리째 공부하니까 문장 만들기도 너무 쉬워요!

유문경 _호텔리어

발음? 걱정하지 마세요. 멋진 목소리의 선생님이 아주 친절하게 알려 주시니까요. 단어? 염려하지 마세요. 중심부 하나를 외웠을 뿐인데, 단어 여러 개가 외워져 있는 일거양득 이상의 효과를 볼 수 있으니까요. 문법? 고민하지 마세요. 문법만 달달 외워 공부하는 시대가 아닌 청크의 시대니까요.

김선혜 _디자이너

패턴 책들은 영어 문장의 앞부분만 잡아 줘서 응용력이 부족했는데, 이 책은 앞부분은 물론 중심부랑 끝부분까지 확실하게 잡아 줘서 더 쉽고 빠르게 배울 수 있어서 좋아요. 덩어리째로 공부하니까 머리 아프게 문법에 신경 안 써서 너~무 편하고, 틀릴 걱정 없이 문장을 길게 늘릴 수 있어서 실력도 쭉쭉 느는 느낌이에요^^

박유림 _대학생

인터넷 강의, 모바일 강의 등등 이것저것 다 해 봤지만 항상 실패…… ㅜㅜ
하지만 이렇게 집중이 잘 되기는 처음이에요. 영어로 말을 하는 책 〈영어회화 마스터 1000+〉!!
황금 같은 출퇴근 시간, 이제 이 책에 올인하렵니다.

이병훈 _직장인

직장인들은 영어공부를 시간 내서 하기가 참 힘들어요. 출퇴근길에 잠깐 들어도 기억에 오래 남고, 바로 사용할 수 있는 게 최고죠. 이 책은 매번 포기하게 만드는 영어의 한계를 깨뜨릴 것 같아요. 하루에 청크 10개만 익히면 50개 문장으로 자연스럽게 응용도 되고 제가 하고 싶은 말도 쉽게 만들 수 있어요. 피부로 와닿는 효과가 이런게 아닐까요?

이시현 _직장인

우선 일상에서 누구나 꼭 쓰는 문장들이기 때문에 가깝게 다가와 흡수되는 느낌이였고 당장 외국인에게 써 보고 싶은 맘이 들어서 공부하고 싶게 만들어 주는 책이에요. 쉬운 덩어리들이 뭉치면 대화가 될 수 있다는 게 너무 신기하고 기분 좋네요!!

임현영 _대학생

이 책의 가장 큰 장점은, 영문법에 대해서 아예 모르는 사람들도 퍼즐 맞추듯 청크 덩어리를 갖다 붙히기만 하면 길고 다양한 영문장들을 단 몇 초만에 아주 쉽고 빠르게 만들 수 있다라는 점인 것 같습니다. 시작부/중심부/꾸밈부 등을 계속해서 바꿔 가면서 내가 말하고 싶은 말들을 다양한 방식으로 말할 수 있다는 점 또한 굉장히 좋았습니다.

유수종 _대학생

영어공부 방법이 스마트하게 바뀐 것 같아요. 기존에는 문법에 목숨 걸고 책에 있는 문장 외우기에 급급했었는데, 시작부와 중심부 그리고 꾸밈부로 연결 포인트를 잡아줘서 직접 응용하면서 학습하고 암기할 수 있다니! 하루에 10개 표현만 공부하면 한 달에 1,000문장을 말할 수 있게 된다니 기적 같습니다.

조윤상 _대학생

청크(덩어리)로 나눠서 외우니깐 머릿속에 더 쏙쏙 들어와요. 몇 년 동안 단어만 죽어라 외웠을 때는 아무리 많이 외워도 문장 하나 제 스스로 만들기 힘들었는데, 청크로 공부한 후에는 긴 문장도 술술 말할 수 있게 됐어요~

김혜연 _직장인

고등학교 이후론 영어와 담 쌓고 살았던 제가(!) 말하고 싶은 문장을 직접 만들 수가 있다는 게 정말 신기했어요. 마지막 하나까지 놓치지 않게 복습 문제부터 다양한 버전의 MP3까지 꽉꽉 채워져 있어 대만족! 책 한 권에 복습용 학습자료도 8가지나 무료로 다운받을 수 있다니 서비스도 끝내주네요. 저 같은 왕초보에게는 딱이에요.

김민정 _공무원

머리말

안녕하세요.

저자 오영일입니다.

영어, 어떻게 하면 정말 잘할 수 있을까?

영어를 배우는 모든 학습자들의 고민입니다.

현재 전세계 100여 개의 국가에서 영어를 공식 언어로 사용하고 있습니다. 그런 의미에서 본다면 영어는 참 쉬운 언어입니다. 하지만 여전히 우리에겐 참 어렵습니다. 그리고 흥미롭지도 않습니다.

바로 접근성과 콘텐츠의 문제입니다.

그래서 이 책은 어느 누가 보더라도 쉽게 문장을 만들고 말할 수 있도록 구성하였습니다.

단어는 단어 자체 하나만으로는 문장이 될 수 없습니다. 또 다른 단어와 연결해야만 하나의 문장이 되기 때문입니다. 문장 또한 본래 그대로만 사용할 수 있어 응용이 불가능합니다.

이러한 단어와 문장의 아쉬운 점을 보완하여, 최적화된 콘텐츠가 바로 "청크"입니다. **청크**는 묶음으로 기억하는 덩어리로 **문장 응용 능력을 최대로 높여주는 신개념 학습법**입니다. 청크의 가장 큰 장점은 남이 써 놓은 문장이 아닌, 내가 하고 싶은 말을 직접 만들 수 있다는 것입니다. 문법을 몰라도 관사나 전치사들이 자연스럽게 연결이 됩니다.

언제까지 누군가가 정해놓은 문장만 외울 건가요?
내가 하고 싶은 말을 직접 만들고 영어로 말하고 싶진 않으세요?
영어는 언어이기에 짧은 시간 안에 모든 걸 외울 수 없습니다.
이제부터는 문장 응용 능력을 키워 보세요.

그러기위해선 단순히 앞에만 잡아 주는 패턴이 아닌, 모든 문장을 쉽게 만들 수 있어야 하겠죠? ^^

알아듣지도 못하는 숙어, 전명구, 부사절 이런 거 다 제쳐두고 이제부터는 저와 함께 단 세 가지(시작/중심/꾸밈) 파트로 영어 문장을 정말 쉽게 만들어 보도록 하겠습니다.

실제로 저자는 5년 동안 청크를 끊임없이 연구하여 최초로 영어말하기 청크 게임 '뭉치뭉치'를 만들게 되었습니다. 그리고 모두가 불가능하다고 생각했던 고스톱과 영어를 결합시킨 '잉글리쉬 고스톱'을 개발하여 2012년, 2013년 2년 연속 KOCCA(한국콘텐츠진흥원)에서 콘텐츠상을 받기도 하였습니다. 현재는 YBM에서 "오영일의 신기한 청크" 강의로 사람들을 만나고 있습니다.

이 책을 통해 영어 학습에 있어서 접근성과 콘텐츠가 얼마나 중요한지를,
그리고 더 많은 사람들이 청크를 접할 수 있길 바랍니다.

저자 **오영일**

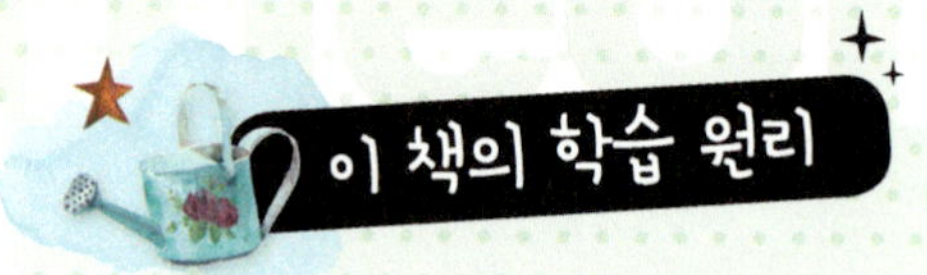

초급 단계의 학습자들은 문장 패턴을 암기하거나 문장 자체를 통암기하는 방식으로 영어회화를 공부합니다. 하지만 네이티브들이 자주 쓰는 표현이라고 해도 내가 하고 싶은 말, 내가 자주 하는 말과는 달라 활용도가 떨어지는 경우가 있습니다. 특히 문장 통암기의 경우엔 무조건 외운 문장을 금방 까먹기도 하죠.

> 언제까지 누군가가 정해놓은 문장만 외울 건가요?
> 내가 하고 싶은 말을 직접 만들고 영어로 말하고 싶진 않으세요?

영어는 언어이기에 짧은 시간 안에 네이티브들이 쓰는 모든 문장을 외울 수는 없습니다. 영어회화에 있어 중요한 것은 단어와 표현들을 조합하여 문장을 만들어 보는 것, 즉 '문장 응용 능력'을 키우는 것입니다.

여러분이 하고 싶은 말을 직접 만들고 말할 수 있는 '문장 응용 능력'을 키우기 위해선 영어 표현을 '단어' 단위가 아니라 '덩어리' 단위의 표현 묶음(청크, chunk)으로 알아두셔야 합니다. 묶음으로 기억하는 덩어리인 청크(chunk)는 단어가 아닌 말뭉치로 문장 응용력을 몇 백 배로 증가시킬 수 있는 신개념 학습법입니다.

이 책은 청크 개념을 활용하여 학습자 여러분이 **하고 싶은 말을 직접 만들고 말할 수 있도록 '문장 응용 능력'**을 키우는 데 초점을 맞추었습니다. **하루 10개 청크(표현)만 공부해도 하루에 50문장, 한 달이면 1,000문장 이상을 말할 수 있습니다.**

➡ 단어 암기와 청크 학습법, 어떻게 다른가?

단어 암기는 영어 공부의 기본이지만, 단어를 많이 알고 있어도 영어로 말 한 마디 제대로 못하는 경우가 많죠? 이는 풍부한 어휘력은 영어 사용에 도움은 줄 수 있어도, 단어만 나열해서는 문장을 만들 수는 없습니다.

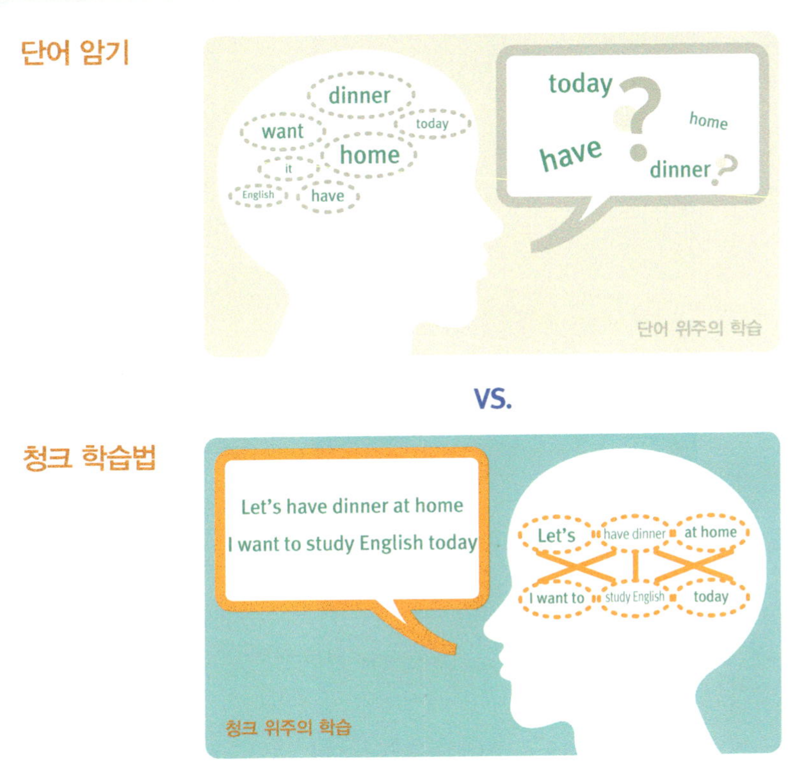

의미를 가진 말의 덩어리인 청크(chunk)를 학습하면 머릿속에서 문장을 '시작부 – 중심부 – 꾸밈부'의 세 부분으로 나누어 인식하여 제대로 된 문장을 만들 수가 있습니다.

시작부		중심부		꾸밈부
Let's I didn't I want to	×	have dinner study English take a shower	×	today at home with friends

Let's have dinner today
Let's study English at home
I didn't take a shower today
I didn't have dinner with friends
I want to take a shower at home
I want to study English with friends

한 달에 1,000문장을 통암기하려면 하루에 몇 시간씩 공부해야 할까요?

청크 학습법을 활용한다면,

하루에 청크 10개만 공부해도 하루 50문장을 말할 수 있고,

한 달(20일)이면 1,000문장을 말할 수 있게 됩니다!

이 책의 특징

1. 왕초보도 한 달이면 1,000문장을 말할 수 있다!

하루 10개의 청크(중심부)만 공부하면, 하루에 50문장, 한 달이면 1,000문장을 말할 수 있습니다. 최소한의 학습으로 최대의 효과를 거둘 수 있죠. 학습자가 직접 문장 만들기 연습을 하기 때문에 기억에 오래 남고 보다 효과적입니다.

2. 특허받은 청크 학습법

저자 오영일 선생님의 청크 학습법은 특허 출원되었으며, 여러 방송 매체를 통해서도 효과가 검증된 학습법입니다.

출원번호 특허-10-2014-0067067

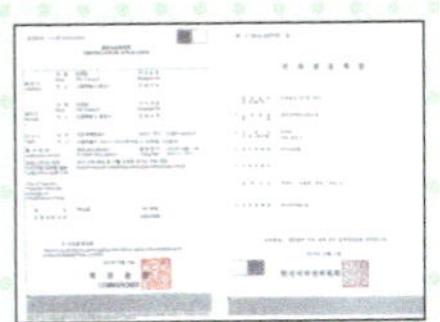

3. KOCCA 한국콘텐츠진흥원장상 수상

2012년, 2013년 2년 연속으로 KOCCA 한국콘텐츠진흥원장상을 수상하여 콘텐츠의 우수성을 공식적으로 인정받았습니다.

4. 3년간의 콘텐츠 제작, 5년간의 임상실험을 거쳐 개발, 완성

양질의 콘텐츠 제작을 위해 3년 동안 꾸준히 연구하여 개발했으며, 국내 학습자들을 대상으로 5년간의 임상실험을 통해 보완하여 완성시킨 학습법입니다.

미드, 영화, 뉴스, 원서, 영어교재 등의 빈출 표현 총망라! **20,000개**

→ 자주 쓰는 생활밀착형 패턴, 숙어, 구동사, 전명구 총정리! **8,000개**

→ 시작부/중심부/꾸밈부 3개의 파트로 구분! **6,804개**

↓ 실제 문장 만들기 적용 시 부결합 표현 삭제! **4,897개**

← 국내 영어학습자 대상 임상실험을 통해 콘텐츠 재정리! **1,230개**

← 네이티브 최종 감수. 이 책 완성! **600개**

이 책 사용 설명서

STEP 1 50문장 미리보기

오늘 공부할 내용을 살펴보세요. **시작부+중심부** 또는 **시작부+중심부+꾸밈부**를 연결하면 여러 가지 문장을 만들 수 있습니다. 스마트폰으로 QR코드를 스캔하면 MP3 파일을 바로 들을 수 있습니다.

MP3 활용법

(집중) 듣기 MP3 ⇨ 강의 듣기 MP3 ⇨ 스피킹 훈련 MP3 듣기

STEP 2 하루 50문장 말하기

시작부와 **중심부**를 연결하여 문장을 만들어 보세요. 하루에 중심부 10개만 공부하면 시작부 5개와 결합시켜 50문장을 말할 수 있습니다. 시작부+중심부 문장을 큰 소리로 세 번씩 읽어 보세요.

MP3 활용법

(집중) 듣기 MP3 ⇨ 스피킹 훈련 MP3
큰 소리로 문장을 세 번씩 읽어 보세요.

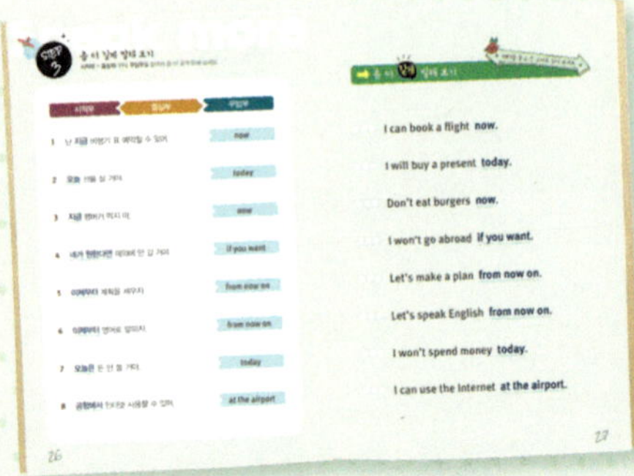

STEP 3 좀 더 길게 말해 보기

시작부+중심부 뒤에 **꾸밈부**를 붙여서 좀 더 길게 말해 보세요.

MP3 활용법

(집중) 듣기 MP3 ⇨ 스피킹훈련 MP3
큰 소리로 문장을 세 번씩 읽어 보세요.

CHECK-UP

오늘 공부한 내용을 확인하는 문제입니다. 보기 중에서 알맞은 말을 골라 빈칸에 넣어 보세요.

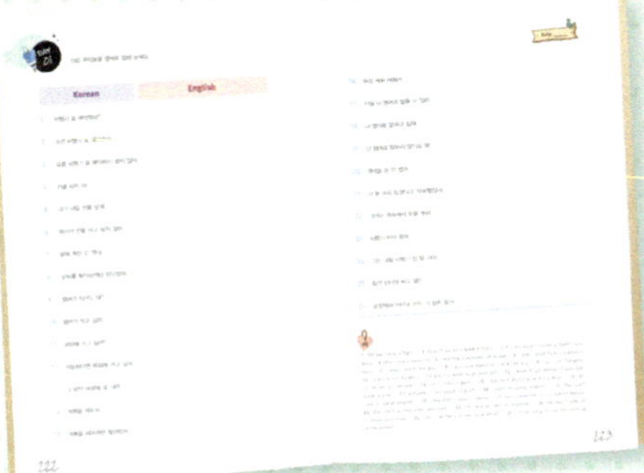

부록편

오늘 공부한 중심부 표현들을 다시 한번 복습해 보세요. 다양한 시작부, 꾸밈부와 연결시켜 여러 가지 문장을 만들 수 있습니다. 문장 응용 능력 향상과 실전 회화 훈련에 도움을 줍니다.

부가자료를 활용한 복습

넥서스 홈페이지에서 무료로 제공하는 8가지 부가 학습자료를 다운받아 복습하세요.
www.nexusbook.com

강의 듣기 MP3	저자 직강 녹음강의를 들을 수 있습니다. 팟캐스트에서도 들을 수 있어요.
듣기 MP3	한국어 뜻과 영어 네이티브 녹음을 한 번씩 들을 수 있습니다.
집중 듣기 MP3	네이티브 녹음을 두 번 반복해서 들을 수 있습니다.
스피킹 훈련 MP3	한국어 뜻을 듣고 여러분이 영어로 말해 볼 수 있는 시간을 줍니다. 그 다음에 네이티브 음성을 들으며 다시 한번 확인할 수 있도록 구성했습니다.
딕테이션 테스트 & MP3	영어 문장을 듣고 받아쓰기 연습을 할 수 있도록 테스트지와 MP3 파일을 제공합니다.
표현 노트	중심부 표현만 집중 학습할 수 있도록 정리한 자료입니다. 표현을 보고 문장을 만들어 보는 연습을 해 보세요.
표현 퀴즈	중심부 표현을 제대로 익혔는지 확인해 보는 퀴즈입니다.

PART 1 하루 50문장 말하기 훈련

PART 1

하루 50 문장 말하기 훈련

시작하기 전에 꼭~ 알아 두세요!

1 one's는 문장을 만들 때 소유격으로 바꿔 주세요.

my 나의 / your 너의

his 그의 / her 그녀의

our 우리의 / their 그들의

예 Please find one's seat. ⇒ Please find my seat.

2 someone은 문장을 만들 때 목적격으로 바꿔 주세요.

me 나를 / you 너를

him 그를 / her 그녀를

us 우리를 / them 그들을

예 Please give someone a hand.
⇒ Please give me a hand.

3 Actually, Honestly, First of all
이 세 가지 꾸밈부는 문장 앞에 붙여 보세요.

Actually 사실, 실은 / Honestly 솔직히

First of all 우선, 먼저

예 Actually, It's hard to choose only one.

날개를 펼쳐라!

책 표지의 날개를 펼쳐 보세요.
더 많은 시작부와 꾸밈부를 활용할 수 있답니다.

50문장 마스터

book a flight

비행기 표를 예약하다

book이란 단어는 '책'뿐만 아니라 '예약하다'라는 의미의 동사로도 많이 쓰인답니다.

book a flight / room / seat

비행기/방/자리를 예약하다

50문장 미리보기

오늘 공부할 내용을 살펴보세요. **시작부+중심부** 또는 **시작부+중심부+꾸밈부**를 연결하면 여러 가지 문장을 만들 수 있습니다.

시작부	중심부
I can ~할 수 있어	001 **book a flight** 비행기 표를 예약하다
I will ~할 거야	002 **buy a present** 선물을 사다
I won't ~하지 않을 거야	003 **check the day** 날짜를 확인하다
Let's ~하자	004 **eat burgers** 햄버거를 먹다
Don't ~하지 마	005 **go abroad** 해외에 가다

집중 듣기

강의 듣기

스피킹 훈련

중심부	꾸밈부
006 **make a plan** 계획을 세우다	**now** 지금, 이제
007 **speak English** 영어로 말하다	**today** 오늘
008 **spend money** 돈을 쓰다	**if you want** 네가 원한다면
009 **take an airplane** 비행기를 타다	**at the airport** 공항에서
010 **use the Internet** 인터넷을 사용하다	**from now on** 이제부터, 지금부터

하루 50문장 말하기

시작부와 **중심부**를 연결하여 문장을 만들어 보세요.
하루에 중심부 10개만 공부하면 시작부 5개와 결합시켜 50문장을 말할 수 있습니다.

시작부	중심부 (1)
I can ~할 수 있어	001 book a flight 비행기 표를 예약하다
I will ~할 거야	002 buy a present 선물을 사다
I won't ~하지 않을 거야	003 check the day 날짜를 확인하다
Let's ~하자	004 eat burgers 햄버거를 먹다
Don't ~하지 마	005 go abroad 해외에 가다

하루 

문장 말하기 (1)

□□□	I can	**book a flight**	난 비행기 표 예약할 수 있어
□□□		buy a present	선물 살 수 있어
□□□		check the day	날짜 확인할 수 있어
□□□		eat burgers	햄버거 먹을 수 있어
□□□		go abroad	해외에 갈 수 있어
□□□	I will	book a flight	난 비행기 표 예약할 거야
□□□		**buy a present**	선물 살 거야
□□□		check the day	날짜 확인할 거야
□□□		eat burgers	햄버거 먹을 거야
□□□		go abroad	해외에 갈 거야
□□□	I won't	book a flight	난 비행기 표 예약 안 할 거야
□□□		buy a present	선물 안 살 거야
□□□		**check the day**	날짜 확인 안 할 거야
□□□		eat burgers	햄버거 안 먹을 거야
□□□		go abroad	해외에 안 갈 거야
□□□	Let's	book a flight	우리 비행기 표 예약하자
□□□		buy a present	선물 사자
□□□		check the day	날짜 확인하자
□□□		**eat burgers**	햄버거 먹자
□□□		go abroad	해외에 가자
□□□	Don't	book a flight	비행기 표 예약하지 마
□□□		buy a present	선물 사지 마
□□□		check the day	날짜 확인하지 마
□□□		eat burgers	햄버거 먹지 마
□□□		**go abroad**	해외에 가지 마

다음 페이지에 계속됩니다.

Speak out

시작부와 **중심부**를 연결하여 문장을 만들어 보세요.

시작부	중심부 (2)
I can ~할 수 있어	006 **make a plan** 계획을 세우다
I will ~할 거야	007 **speak English** 영어로 말하다
I won't ~하지 않을 거야	008 **spend money** 돈을 쓰다
Let's ~하자	009 **take an airplane** 비행기를 타다
Don't ~하지 마	010 **use the Internet** 인터넷을 사용하다

하루 50 문장 말하기 (2)

I can	**make a plan**	난 계획을 세울 수 있어
	speak English	영어로 말할 수 있어
	spend money	돈을 쓸 수 있어
	take an airplane	비행기 탈 수 있어
	use the Internet	인터넷 사용할 수 있어
I will	make a plan	난 계획을 세울 거야
	speak English	영어로 말할 거야
	spend money	돈을 쓸 거야
	take an airplane	비행기 탈 거야
	use the Internet	인터넷 사용할 거야
I won't	make a plan	난 계획 안 세울 거야
	speak English	영어로 말하지 않을 거야
	spend money	돈 안 쓸 거야
	take an airplane	비행기 안 탈 거야
	use the Internet	인터넷 사용 안 할 거야
Let's	make a plan	우리 계획 세우자
	speak English	영어로 말하자
	spend money	돈을 쓰자
	take an airplane	비행기 타자
	use the Internet	인터넷 사용하자
Don't	make a plan	계획 세우지 마
	speak English	영어로 말하지 마
	spend money	돈 쓰지 마
	take an airplane	비행기 타지 마
	use the Internet	인터넷 사용하지 마

Speak more

좀 더 길게 말해 보기

시작부 + **중심부** 뒤에 **꾸밈부**를 붙여서 좀 더 길게 말해 보세요.

시작부	중심부	꾸밈부
1	난 지금 비행기 표 예약할 수 있어.	now
2	오늘 선물 살 거야.	today
3	지금 햄버거 먹지 마.	now
4	네가 원한다면 해외에 안 갈 거야.	if you want
5	이제부터 계획을 세우자.	from now on
6	이제부터 영어로 말하자.	from now on
7	오늘은 돈 안 쓸 거야.	today
8	공항에서 인터넷 사용할 수 있어.	at the airport

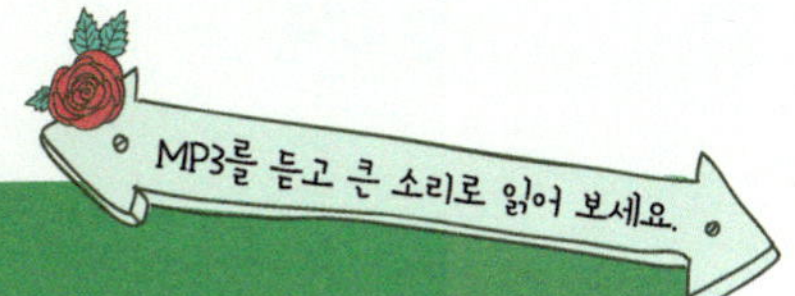

☐☐☐ I can book a flight now.

☐☐☐ I will buy a present today.

☐☐☐ Don't eat burgers now.

☐☐☐ I won't go abroad if you want.

☐☐☐ Let's make a plan from now on.

☐☐☐ Let's speak English from now on.

☐☐☐ I won't spend money today.

☐☐☐ I can use the Internet at the airport.

빈칸에 알맞은 말을 보기 중에서 골라 넣어 보세요.

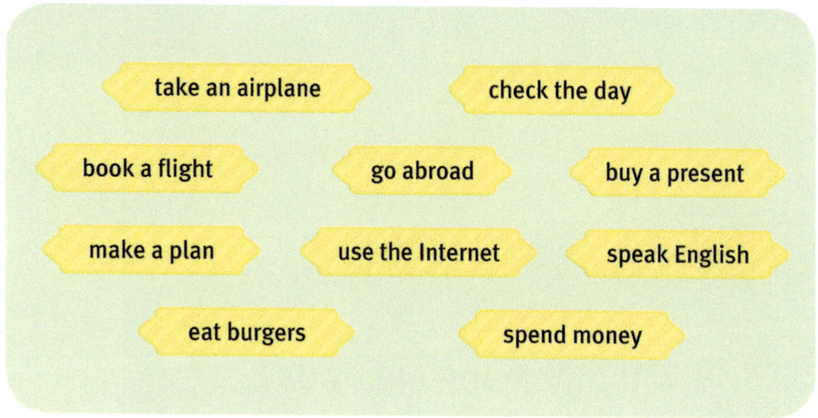

1. 지금 날짜 확인할 수 있어.

   I can [　　　　　] now.

2. 네가 원한다면 비행기 탈게.

   I will [　　　　　] if you want.

3. 오늘은 선물 안 살 거야.

   I won't [　　　　　] today.

4. 공항에서 인터넷 사용하자.

   Let's [　　　　　] at the airport.

5. 이제부터 햄버거 먹지 마.

   Don't [　　　　　] from now on.

1. check the day 2. take an airplane 3. buy a present 4. use the Internet 5. eat burgers

복습 훈련 222쪽

100문장 마스터

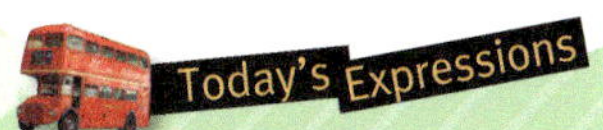

take a trip

여행을 하다

누구나 한 번쯤은 세계여행을 꿈꾸죠.
I want to take a trip around the world.
'장거리 여행'은 travel, '관광 여행'은 tour, '먼 여행'은 journey라고 합니다.
'~ 여행'이 아닌 '여행을 하다'는 take a trip!

Preview

50문장 미리보기

오늘 공부할 내용을 살펴보세요. **시작부+중심부** 또는 **시작부+중심부+꾸밈부**를 연결하면 여러 가지 문장을 만들 수 있습니다.

시작부	중심부
Please ~하세요	011 **buy a brand-name bag** 명품 가방을 사다
I have to ~해야 해	012 **check the receipt** 영수증을 확인하다
I want to ~하고 싶어	013 **enjoy traveling** 여행을 즐기다
I don't want to ~하고 싶지 않아	014 **exchange money** 환전하다
You don't have to 너 ~하지 않아도 돼	015 **fill out this form** 이 양식을 작성하다

집중 듣기

강의 듣기

스피킹 훈련

중심부	꾸밈부
016 **find one's seat** 자리를 찾다	**now** 지금, 이제
017 **look in the mirror** 거울을 들여다보다	**today** 오늘
018 **send someone a present** ~에게 선물을 보내다	**actually** 사실, 실은
019 **show one's ID card** 신분증을 보여 주다	**first of all** 우선, 먼저
020 **take a trip** 여행을 하다	**any more** 더 이상

Speak out

하루 50문장 말하기

시작부와 **중심부**를 연결하여 문장을 만들어 보세요.
하루에 중심부 10개만 공부하면 시작부 5개와 결합시켜 50문장을 말할 수 있습니다.

시작부	중심부 (1)
Please ~하세요	011 **buy a brand-name bag** 명품 가방을 사다
I have to ~해야 해	012 **check the receipt** 영수증을 확인하다
I want to ~하고 싶어	013 **enjoy traveling** 여행을 즐기다
I don't want to ~하고 싶지 않아	014 **exchange money** 환전하다
You don't have to 너 ~하지 않아도 돼	015 **fill out this form** 이 양식을 작성하다

Please	**buy a brand-name bag**	명품 가방을 사세요
	check the receipt	영수증 확인하세요
	enjoy traveling	여행을 즐기세요
	exchange money	환전하세요
	fill out this form	이 양식을 작성하세요
I have to	buy a brand-name bag	나 명품 가방 사야 해
	check the receipt	영수증 확인해야 돼
	enjoy traveling	여행을 즐겨야 해
	exchange money	환전해야 돼
	fill out this form	이 양식을 작성해야 해
I want to	buy a brand-name bag	나 명품 가방 사고 싶어
	check the receipt	영수증을 확인하고 싶어
	enjoy traveling	여행을 즐기고 싶어
	exchange money	환전하고 싶어
	fill out this form	이 양식을 작성하고 싶어
I don't want to	buy a brand-name bag	난 명품 가방 사고 싶지 않아
	check the receipt	영수증 확인하고 싶지 않아
	enjoy traveling	여행을 즐기고 싶지 않아
	exchange money	환전하고 싶지 않아
	fill out this form	이 양식을 작성하고 싶지 않아
You don't have to	buy a brand-name bag	넌 명품 가방 사지 않아도 돼
	check the receipt	영수증 확인하지 않아도 돼
	enjoy traveling	여행을 즐기지 않아도 돼
	exchange money	환전하지 않아도 돼
	fill out this form	이 양식을 작성하지 않아도 돼

다음 페이지에 계속됩니다.

Speak out

STEP 2-2

시작부와 **중심부**를 연결하여 문장을 만들어 보세요.

시작부	중심부 (2)
Please ~하세요	016 **find one's seat** 자리를 찾다
I have to ~해야 해	017 **look in the mirror** 거울을 들여다보다
I want to ~하고 싶어	018 **send someone a present** ~에게 선물을 보내다
I don't want to ~하고 싶지 않아	019 **show one's ID card** 신분증을 보여 주다
You don't have to 너 ~하지 않아도 돼	020 **take a trip** 여행을 하다

하루 50문장 말하기 (2)

Please	**find my seat**	제 자리를 찾아 주세요
	look in the mirror	거울을 보세요
	send me a present	저한테 선물을 보내세요
	show your ID card	당신 신분증을 보여 주세요
	take a trip	여행을 하세요
I have to	find my seat	내 자리를 찾아야 돼
	look in the mirror	거울 봐야 해
	send him a present	그 남자한테 선물을 보내야 해
	show my ID card	내 신분증을 보여 줘야 해
	take a trip	여행해야 해
I want to	find my seat	내 자리를 찾고 싶어
	look in the mirror	거울 보고 싶어
	send you a present	너한테 선물 보내고 싶어
	show my ID card	내 신분증을 보여 주고 싶어
	take a trip	여행하고 싶어
I don't want to	find your seat	난 네 자리를 찾고 싶지 않아
	look in the mirror	거울 보고 싶지 않아
	send him a present	그 남자한테 선물을 보내고 싶지 않아
	show my ID card	내 신분증을 보여 주고 싶지 않아
	take a trip	여행하고 싶지 않아
You don't have to	find my seat	넌 내 자리를 찾지 않아도 돼
	look in the mirror	거울 보지 않아도 돼
	send her a present	그 여자한테 선물 보내지 않아도 돼
	show your ID card	네 신분증을 보여 주지 않아도 돼
	take a trip	여행하지 않아도 돼

좀 더 길게 말해 보기

시작부 + **중심부** 뒤에 **꾸밈부**를 붙여서 좀 더 길게 말해 보세요.

시작부	중심부	꾸밈부

1	사실 나 명품 가방 사고 싶어.	actually
2	나 오늘 환전해야 돼.	today
3	먼저 이 양식을 작성하세요.	first of all
4	우선 내 자리를 찾아야 돼.	first of all
5	지금은 거울을 보고 싶지 않아.	now
6	더 이상 그녀에게 선물을 보내지 않아도 돼.	any more
7	지금 당신 신분증을 보여 주세요.	now
8	더 이상 여행하고 싶지 않아.	any more

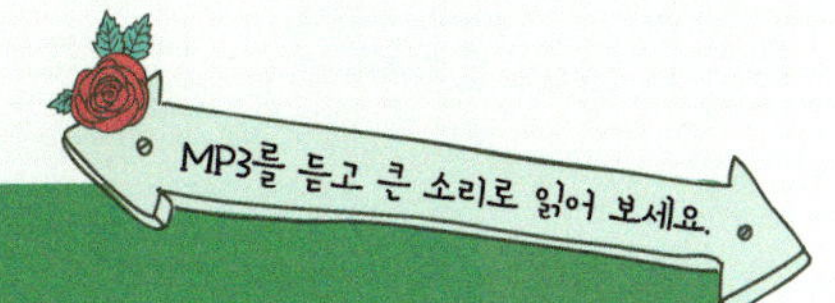

□□□ Actually, I want to buy a brand-name bag.

□□□ I have to exchange money today.

□□□ First of all, please fill out this form.

□□□ First of all, I have to find my seat.

□□□ I don't want to look in the mirror now.

□□□ You don't have to send her a present any more.

□□□ Please show your ID card now.

□□□ I don't want to take a trip any more.

빈칸에 알맞은 말을 보기 중에서 골라 넣어 보세요.

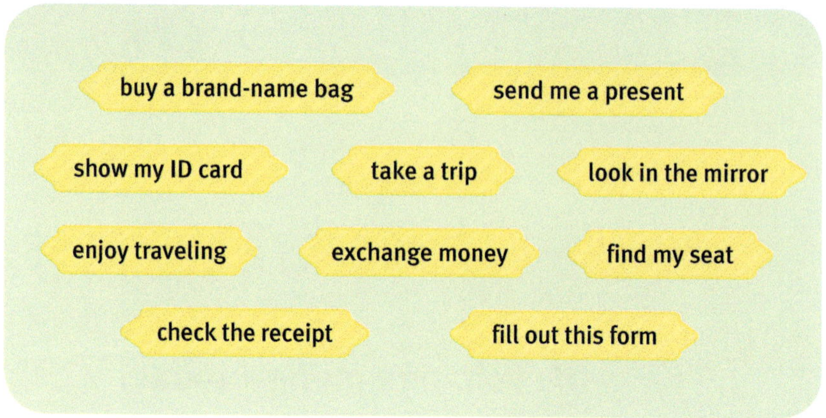

1. 지금 영수증 확인하세요.

   Please [　　　　　] now.

2. 우선 내 신분증을 보여줘야 돼.

   First of all, I have to [　　　　　].

3. 사실 여행하고 싶어.

   Acutally, I want to [　　　　　].

4. 더 이상 이 양식을 작성하고 싶지 않아.

   I don't want to [　　　　　] any more.

5. 오늘은 환전하지 않아도 돼.

   You don't have to [　　　　　] today.

1. check the receipt 2. show my ID card 3. take a trip 4. fill out this form 5. exchange money

복습 훈련 224쪽

150문장 마스터

see the elephant

인생 경험을 쌓다

쥐구멍에서 나온 어린 쥐가 거대한 코끼리의 발을 보고 놀란 모습이죠.
그만큼 세상은 우리가 상상도 못할 만큼 넓고 크다는 의미랍니다.

Preview

50문장 미리보기

오늘 공부할 내용을 살펴보세요. **시작부+중심부** 또는 **시작부+중심부+꾸밈부**를 연결하면 여러 가지 문장을 만들 수 있습니다.

시작부	중심부
It's hard to ~하기 어려워	021 **build up one's body** 몸을 만들다
I'm here to ~하러 왔어	022 **change one's schedule** 일정을 변경하다
I'm trying to ~하려고 노력 중이야	023 **deposit money** 돈을 입금하다
It's not easy to ~하는 건 쉽지 않아	024 **eat special food** 특별한 음식을 먹다
I was just about to ~하려던 참이었어	025 **get a refund** 환불을 받다

집중 듣기 강의 듣기 스피킹 훈련

중심부	꾸밈부
026 **go backpacking** 배낭여행을 가다	**now** 지금, 이제
027 **rent a car** 차를 빌리다	**actually** 사실, 실은
028 **see the elephant** 인생 경험을 쌓다	**every day** 매일
029 **take a picture** 사진을 찍다	**over and over** 반복해서, 계속해서
030 **talk with native speakers** 원어민과 이야기하다	**as I told you before** 전에 말했듯이

하루 50문장 말하기

시작부와 **중심부**를 연결하여 문장을 만들어 보세요.
하루에 중심부 10개만 공부하면 시작부 5개와 결합시켜 50문장을 말할 수 있습니다.

시작부	중심부 (1)
It's hard to ~하기 어려워	021 **build up one's body** 몸을 만들다
I'm here to ~하러 왔어	022 **change one's schedule** 일정을 변경하다
I'm trying to ~하려고 노력 중이야	023 **deposit money** 돈을 입금하다
It's not easy to ~하는 건 쉽지 않아	024 **eat special food** 특별한 음식을 먹다
I was just about to ~하려던 참이었어	025 **get a refund** 환불을 받다

It's hard to	**build up my body**	몸 만들기 힘들어
	change my schedule	내 일정을 변경하기 힘들어
	deposit money	돈을 입금하기 어려워
	eat special food	특별한 음식을 먹긴 힘들어
	get a refund	환불 받기는 어려워
I'm here to	build up my body	난 몸 만들러 왔어
	change my schedule	내 일정을 변경하러 왔어
	deposit money	돈을 입금하러 왔어
	eat special food	특별한 음식을 먹으러 왔어
	get a refund	환불 받으러 왔어
I'm trying to	build up my body	난 몸 만들려고 노력 중이야
	change my schedule	내 일정을 변경하려고 노력 중이야
	deposit money	돈을 입금하려고 노력 중이야
	eat special food	특별한 음식을 먹으려고 노력 중이야
	get a refund	환불 받으려고 노력 중이야
It's not easy to	build up my body	몸을 만드는 건 쉽지 않아
	change my schedule	내 일정을 변경하는 건 쉽지 않아
	deposit money	돈을 입금하는 건 쉽지 않아
	eat special food	특별한 음식을 먹는 건 쉽지 않아
	get a refund	환불 받는 건 쉽지 않아
I was just about to	build up my body	나 몸을 만들려던 참이었어
	change my schedule	내 일정을 변경하려던 참이었어
	deposit money	돈을 입금하려던 참이었어
	eat special food	특별한 음식을 먹으려던 참이었어
	get a refund	환불 받으려던 참이었어

다음 페이지에 계속됩니다.

Speak out

시작부와 **중심부**를 연결하여 문장을 만들어 보세요.

시작부	중심부 (2)
It's hard to ~하기 어려워	026 **go backpacking** 배낭여행을 가다
I'm here to ~하러 왔어	027 **rent a car** 차를 빌리다
I'm trying to ~하려고 노력 중이야	028 **see the elephant** 인생 경험을 쌓다
It's not easy to ~하는 건 쉽지 않아	029 **take a picture** 사진을 찍다
I was just about to ~하려던 참이었어	030 **talk with native speakers** 원어민과 이야기하다

하루 50문장 말하기 (2)

It's hard to	**go backpacking**	배낭여행을 가긴 힘들어
	rent a car	차를 빌리긴 힘들어
	see the elephant	인생 경험을 쌓는 건 힘들어
	take a picture	사진 찍기 어려워
	talk with native speakers	원어민과 얘기하는 건 어려워
I'm here to	go backpacking	난 배낭여행을 가려고 왔어
	rent a car	차를 빌리러 왔어
	see the elephant	인생 경험을 쌓으려고 왔어
	take a picture	사진을 찍으러 왔어
	talk with native speakers	원어민과 얘기하러 왔어
I'm trying to	go backpacking	난 배낭여행 가려고 노력 중이야
	rent a car	차를 빌리려고 노력 중이야
	see the elephant	인생 경험을 쌓으려고 노력 중이야
	take a picture	사진을 찍으려고 노력 중이야
	talk with native speakers	원어민과 얘기하려고 노력 중이야
It's not easy to	go backpacking	배낭여행을 가는 건 쉽지 않아
	rent a car	차를 빌리는 건 쉽지 않아
	see the elephant	인생 경험을 쌓는 건 쉽지 않아
	take a picture	사진 찍는 건 쉽지 않아
	talk with native speakers	원어민과 얘기하는 건 쉽지 않아
I was just about to	go backpacking	나 배낭여행을 가려던 참이었어
	rent a car	차를 빌리려던 참이었어
	see the elephant	인생 경험을 쌓으려던 참이었어
	take a picture	사진을 찍으려던 참이었어
	talk with native speakers	원어민과 얘기하려던 참이었어

Speak more

좀 더 길게 말해 보기

시작부 + **중심부** 뒤에 **꾸밈부**를 붙여서 좀 더 길게 말해 보세요.

시작부	중심부	꾸밈부

1	난 지금 몸 만들려고 노력 중이야.	now
2	사실 내 일정을 변경하려던 참이었어.	actually
3	지금 돈 입금하려던 참이었어.	now
4	매일 특별한 음식을 먹는 건 쉽지 않아.	every day
5	전에도 말했듯이 환불을 받는 건 어려워.	as I told you before
6	실은 배낭여행을 가는 건 쉽지 않아.	actually
7	실은 차 빌리러 왔어.	actually
8	계속해서 원어민과 얘기하는 건 쉽지 않아.	over and over

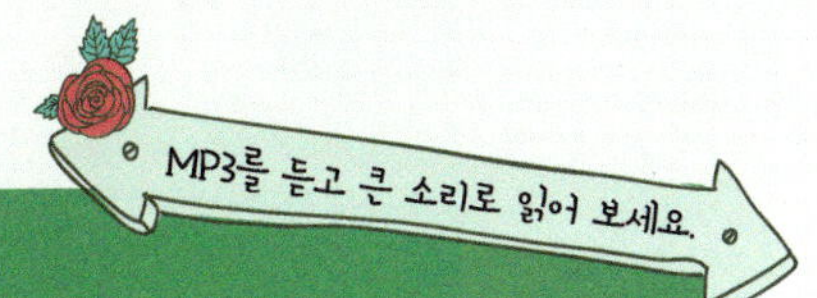

□□□ I'm trying to build up my body now.

□□□ Actually, I was just about to change my schedule.

□□□ I was just about to deposit money now.

□□□ It's not easy to eat special food every day.

□□□ It's hard to get a refund as I told you before.

□□□ Actually, It's not easy to go backpacking.

□□□ Actually, I'm here to rent a car.

□□□ It's not easy to talk with native speakers over and over.

빈칸에 알맞은 말을 보기 중에서 골라 넣어 보세요.

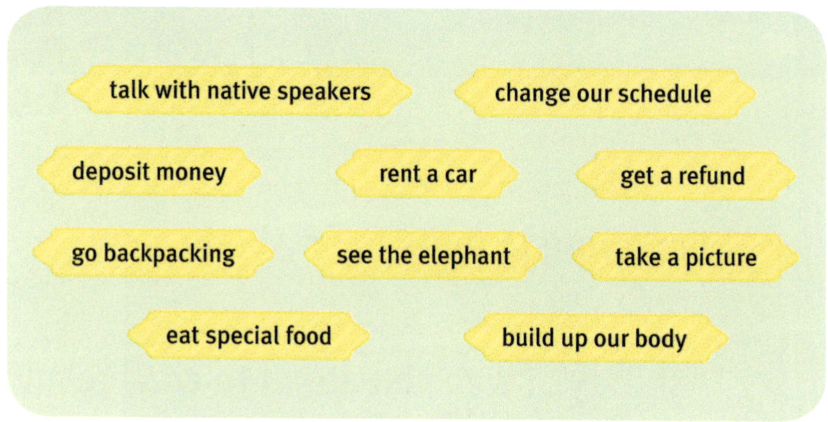

1. 전에 말했듯이 우리 일정을 바꾸긴 어려워.

   It's hard to ( ) as I told you before.

2. 실은 환불 받으러 왔어.

   Actually, I'm here to ( ).

3. 매일 특별한 음식 먹으려고 노력 중이야.

   I'm trying to ( ) every day.

4. 계속해서 돈을 입금하는 건 쉽지 않아.

   It's not easy to ( ) over and over.

5. 지금 사진을 찍으려던 참이었어.

   I was just about to ( ) now.

1. change our schedule 2. get a refund 3. eat special food 4. deposit money 5. take a picture

복습 훈련 226쪽

200문장 마스터

go Dutch

비용을 나눠서 내다

17세기에 영국과 네덜란드는 무역로와 정치적 경계선으로 인해 전쟁을 치렀답니다.
go Dutch는 당시에 영국 사람들이
네덜란드인(Dutch)에게 인색하던 것에서 유래된 말이죠.
요즘은 Let's split the bill.이나 Let's go fifty-fifty.
또는 Let's go half and half.라는 말을 많이 씁니다.

Preview

50문장 미리보기

오늘 공부할 내용을 살펴보세요. **시작부+중심부** 또는 **시작부+중심부+꾸밈부**를 연결하면 여러 가지 문장을 만들 수 있습니다.

시작부	중심부
Can I ~? ~해도 돼?	031 **bring one's friend** 친구를 데려오다
Can you ~? ~할 수 있어?	032 **buy groceries** 식료품을 사다
Will you ~? ~할 거야?	033 **check the weather** 날씨를 확인하다
Why don't you ~? ~하지 그래?, ~하는 게 어때?	034 **drink Sake** 사케를 마시다
Do you want to ~? ~하고 싶어?	035 **eat sushi** 스시를 먹다

집중 듣기	강의 듣기	스피킹 훈련

중심부	꾸밈부
036 **go Dutch** 비용을 나눠서 내다	**now** 지금, 이제
037 **live abroad** 해외에서 살다	**today** 오늘
038 **pay in cash** 현금으로 지불하다	**tonight** 오늘 밤
039 **sleep on the plane** 비행기에서 자다	**for a while** 잠깐, 한동안
040 **wait for orders** 주문을 기다리다	**with friends** 친구들과

하루 50문장 말하기

시작부와 **중심부**를 연결하여 문장을 만들어 보세요.
하루에 중심부 10개만 공부하면 시작부 5개와 결합시켜 50문장을 말할 수 있습니다.

시작부	중심부 (1)
Can I ~? ~해도 돼?	031 **bring one's friend** 친구를 데려오다
Can you ~? ~할 수 있어?	032 **buy groceries** 식료품을 사다
Will you ~? ~할 거야?	033 **check the weather** 날씨를 확인하다
Why don't you ~? ~하지 그래?, ~하는 게 어때?	034 **drink Sake** 사케를 마시다
Do you want to ~? ~하고 싶어?	035 **eat sushi** 스시를 먹다

Can I	**bring my friend?**	나 친구 데려와도 돼?
	buy groceries?	식료품 사도 돼?
	check the weather?	날씨 확인해도 돼?
	drink Sake?	사케 마셔도 돼?
	eat sushi?	스시 먹어도 돼?
Can you	bring your friend?	너 친구 데려올 수 있어?
	buy groceries?	식료품 살 수 있어?
	check the weather?	날씨 확인할 수 있어?
	drink Sake?	사케 마실 수 있어?
	eat sushi?	스시 먹을 수 있어?
Will you	bring your friend?	너 친구 데려올 거야?
	buy groceries?	식료품 살 거야?
	check the weather?	날씨 확인할 거야?
	drink Sake?	사케 마실 거야?
	eat sushi?	스시 먹을 거야?
Why don't you	bring your friend?	네 친구를 데려오는 게 어때?
	buy groceries?	식료품 사는 게 어때?
	check the weather?	날씨를 확인하는 게 어때?
	drink Sake?	사케를 마시는 게 어때?
	eat sushi?	스시를 먹는 게 어때?
Do you want to	bring your friend?	너 친구 데려오고 싶어?
	buy groceries?	식료품 사고 싶어?
	check the weather?	날씨 확인하고 싶어?
	drink Sake?	사케 마시고 싶어?
	eat sushi?	스시 먹고 싶어?

다음 페이지에 계속됩니다.

Speak out

시작부와 **중심부**를 연결하여 문장을 만들어 보세요.

시작부	중심부 (2)
Can I ~? ~해도 돼?	036 **go Dutch** 비용을 나눠서 내다
Can you ~? ~할 수 있어?	037 **live abroad** 해외에서 살다
Will you ~? ~할 거야?	038 **pay in cash** 현금으로 지불하다
Why don't you ~? ~하지 그래?, ~하는 게 어때?	039 **sleep on the plane** 비행기에서 자다
Do you want to ~? ~하고 싶어?	040 **wait for orders** 주문을 기다리다

Can I	**go Dutch?**	나 비용을 나눠서 내도 돼?
	live abroad?	해외에서 살아도 돼?
	pay in cash?	현금으로 내도 돼?
	sleep on the plane?	비행기에서 자도 돼?
	wait for orders?	주문 기다려도 돼?
Can you	go Dutch?	너 비용을 나눠서 낼 수 있어?
	live abroad?	해외에서 살 수 있어?
	pay in cash?	현금으로 지불할 수 있어?
	sleep on the plane?	비행기에서 잘 수 있어?
	wait for orders?	주문 기다릴 수 있어?
Will you	go Dutch?	너 비용 나눠서 낼 거야?
	live abroad?	해외에서 살 거야?
	pay in cash?	현금으로 지불할 거야?
	sleep on the plane?	비행기에서 잘 거야?
	wait for orders?	주문 기다릴 거야?
Why don't you	go Dutch?	비용을 나눠서 내는 게 어때?
	live abroad?	해외에서 사는 게 어때?
	pay in cash?	현금으로 내지 그래?
	sleep on the plane?	비행기에서 자는 게 어때?
	wait for orders?	주문을 기다리는 게 어때?
Do you want to	go Dutch?	너 비용을 나눠서 내고 싶어?
	live abroad?	해외에서 살고 싶어?
	pay in cash?	현금으로 지불하고 싶어?
	sleep on the plane?	비행기에서 자고 싶어?
	wait for orders?	주문 기다리고 싶어?

Speak more

좀 더 길게 말해 보기

시작부 + **중심부** 뒤에 **꾸밈부**를 붙여서 좀 더 길게 말해 보세요.

시작부	중심부	꾸밈부

1 너 오늘 밤에 친구 데리고 올 수 있어? — tonight

2 오늘 식료품 살 거야? — today

3 친구들과 사케 마시고 싶어? — with friends

4 나 오늘 스시 먹어도 돼? — today

5 친구들과 비용을 나눠서 내는 게 어때? — with friends

6 지금 현금으로 낼 수 있어? — now

7 나 잠깐 비행기에서 자도 돼? — for a while

8 잠깐 주문을 기다리는 게 어때? — for a while

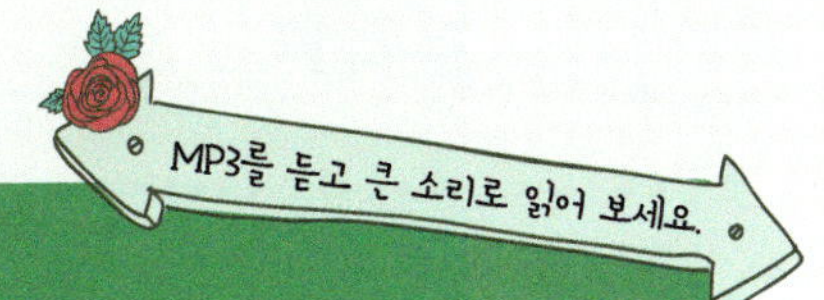

□□□ Can you bring your friend tonight?

□□□ Will you buy groceries today?

□□□ Do you want to drink Sake with friends?

□□□ Can I eat sushi today?

□□□ Why don't you go Dutch with friends?

□□□ Can you pay in cash now?

□□□ Can I sleep on the plane for a while?

□□□ Why don't you wait for orders for a while?

빈칸에 알맞은 말을 보기 중에서 골라 넣어 보세요.

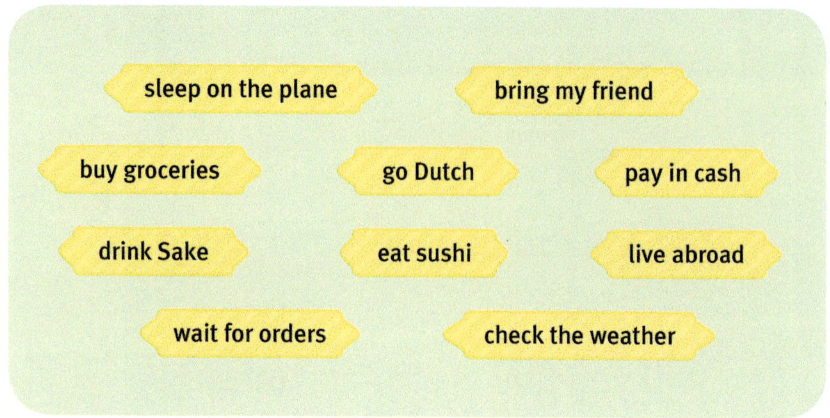

1. 오늘 내 친구 데려와도 돼?

Can I ________ today?

2. 잠깐 주문 기다릴 수 있어?

Can you ________ for a while?

3. 오늘 밤에 식료품 살 거야?

Will you ________ tonight?

4. 지금 현금으로 내는 게 어때?

Why don't you ________ now?

5. 친구들과 해외에서 살고 싶어?

Do you want to ________ with friends?

1. bring my friend 2. wait for orders 3. buy groceries 4. pay in cash 5. live abroad

복습 훈련 228쪽

250문장 마스터

pay through the nose

바가지 쓰다

코를 통해 가격을 지불하다?
이 표현의 유래에 대해선 여러 가지 가설이 있는데, 그중 하나가……
덴마크가 아일랜드를 지배하던 9세기경 덴마크 왕이
아일랜드인들에게 nose tax를 부과했는데,
세금을 내지 않은 사람은 코를 베었다는 것입니다.

Preview

50문장 미리보기

오늘 공부할 내용을 살펴보세요. **시작부+중심부** 또는 **시작부+중심부+꾸밈부**를 연결하면 여러 가지 문장을 만들 수 있습니다.

시작부	중심부
Did you ~? ~했어?	041 **break one's heart** 마음을 아프게 하다
I told you not to 내가 ~하지 말라고 했잖아	042 **bring money** 돈을 가져오다
You promised not to ~하지 않겠다고 약속했잖아	043 **buy vitamins** 비타민을 사다
I didn't ~하지 않았어	044 **catch a cold** 감기에 걸리다
I (과거형) ~했어	045 **change one's mind** 마음을 바꾸다

집중 듣기

강의 듣기

스피킹 훈련

중심부	꾸밈부
046 **fold clothes** 옷을 개다	**today** 오늘
047 **get lost** 길을 잃다	**yesterday** 어제
048 **pay through the nose** 바가지 쓰다	**last night** 어젯밤
049 **sleep on the floor** 바닥에서 자다	**at that time** 그때, 그 당시
050 **wash the clothes** 옷을 세탁하다	**this morning** 오늘 아침

Speak out

하루 50문장 말하기

시작부와 **중심부**를 연결하여 문장을 만들어 보세요.
하루에 중심부 10개만 공부하면 시작부 5개와 결합시켜 50문장을 말할 수 있습니다.

시작부	중심부 (1)
Did you ~? ~했어?	041 **break one's heart** 마음을 아프게 하다
I told you not to 내가 ~하지 말라고 했잖아	042 **bring money** 돈을 가져오다
You promised not to ~하지 않겠다고 약속했잖아	043 **buy vitamins** 비타민을 사다
I didn't ~하지 않았어	044 **catch a cold** 감기에 걸리다
I (과거형) ~했어	045 **change one's mind** 마음을 바꾸다

하루 50 문장 말하기 (1)

Did you	**break her heart?**	너 그 여자 마음을 아프게 했어?
	bring money?	돈 가져왔어?
	buy vitamins?	비타민 샀어?
	catch a cold?	감기 걸렸어?
	change your mind?	마음 바꿨어?
I told you not to	break my heart	내가 내 맘 아프게 하지 말라고 했잖아
	bring money	돈 가져오지 말라고 했잖아
	buy vitamins	비타민 사지 말라고 했잖아
	catch a cold	감기 걸리지 말라고 했잖아
	change your mind	네 마음 바꾸지 말라고 했잖아
You promised not to	break my heart	너 내 맘 아프게 안 하겠다고 약속했잖아
	bring money	돈 가져오지 않겠다고 약속했잖아
	buy vitamins	비타민 사지 않겠다고 약속했잖아
	catch a cold	감기 걸리지 않겠다고 약속했잖아
	change your mind	마음 바꾸지 않겠다고 약속했잖아
I didn't	break her heart	나 그 여자 마음을 아프게 하지 않았어
	bring money	돈 안 가져왔어
	buy vitamins	비타민 안 샀어
	catch a cold	감기 안 걸렸어
	change my mind	마음 안 바꿨어
I (과거형)	broke her heart	나 그 여자 마음을 아프게 했어
	brought money	돈 가져왔어
	bought vitamins	비타민 샀어
	caught a cold	감기 걸렸어
	changed my mind	마음 바꿨어

다음 페이지에 계속됩니다.

Speak out

시작부와 **중심부**를 연결하여 문장을 만들어 보세요.

시작부	중심부 (2)
Did you ~? ~했어?	046 **fold clothes** 옷을 개다
I told you not to 내가 ~하지 말라고 했잖아	047 **get lost** 길을 잃다
You promised not to ~하지 않겠다고 약속했잖아	048 **pay through the nose** 바가지 쓰다
I didn't ~하지 않았어	049 **sleep on the floor** 바닥에서 자다
I (과거형) ~했어	050 **wash the clothes** 옷을 세탁하다

□□□	**Did you**	**fold clothes?**	너 옷 갰어?
□□□		get lost?	길을 잃었어?
□□□		pay through the nose?	바가지 썼어?
□□□		sleep on the floor?	바닥에서 잤어?
□□□		wash the clothes?	옷 세탁했어?
□□□	**I told you not to**	fold clothes	내가 옷 개지 말라고 했잖아
□□□		**get lost**	길 잃어버리지 말라고 했잖아
□□□		pay through the nose	바가지 쓰지 말라고 했잖아
□□□		sleep on the floor	바닥에서 자지 말라고 했잖아
□□□		wash the clothes	옷 세탁하지 말라고 했잖아
□□□	**You promised not to**	fold clothes	너 옷 개지 않겠다고 약속했잖아
□□□		get lost	길 잃어버리지 않기로 약속했잖아
□□□		**pay through the nose**	바가지 쓰지 않겠다고 약속했잖아
□□□		sleep on the floor	바닥에서 자지 않겠다고 약속했잖아
□□□		wash the clothes	옷 세탁하지 않기로 약속했잖아
□□□	**I didn't**	fold clothes	나 옷 안 갰어
□□□		get lost	길 잃어버리지 않았어
□□□		pay through the nose	바가지 안 썼어
□□□		**sleep on the floor**	바닥에서 안 잤어
□□□		wash the clothes	옷 세탁 안 했어
□□□	**I** (과거형)	folded clothes	옷을 갰어
□□□		got lost	길을 잃었어
□□□		paid through the nose	바가지 썼어
□□□		slept on the floor	바닥에서 잤어
□□□		**washed the clothes**	옷을 세탁했어

Speak more

좀 더 길게 말해 보기

시작부 + **중심부** 뒤에 **꾸밈부**를 붙여서 좀 더 길게 말해 보세요.

시작부	중심부	꾸밈부

1 그때 내가 그 여자 마음을 아프게 했어. — at that time

2 오늘 돈 가져왔어? — today

3 내가 어제 비타민 사지 말라고 했잖아. — yesterday

4 너 어제 마음 바꾸지 않겠다고 약속했잖아. — yesterday

5 나 오늘 아침에 길을 잃었어. — this morning

6 나 오늘 바가지 안 썼어. — today

7 내가 어젯밤에 바닥에서 자지 말라고 했잖아. — last night

8 오늘 아침에 옷 세탁했어? — this morning

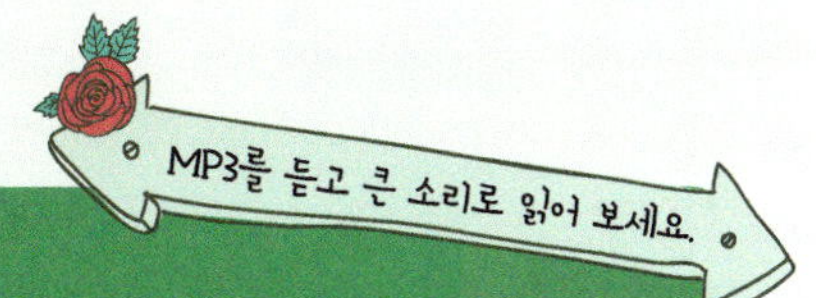

□□□ I broke her heart at that time.

□□□ Did you bring money today?

□□□ I told you not to buy vitamins yesterday.

□□□ You promised not to change your mind yesterday.

□□□ I got lost this morning.

□□□ I didn't pay through the nose today.

□□□ I told you not to sleep on the floor last night.

□□□ Did you wash the clothes this morning?

빈칸에 알맞은 말을 보기 중에서 골라 넣어 보세요.

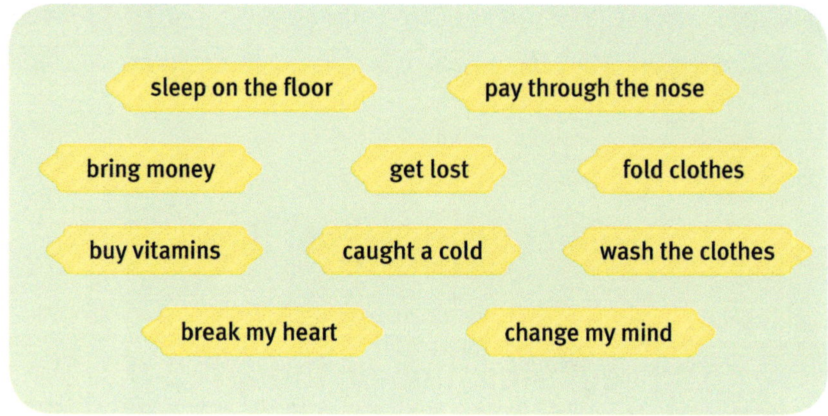

1. 어제 비타민 샀어?

Did you ( ) yesterday?

2. 내가 오늘 아침에 옷 세탁하지 말라고 했잖아.

I told you not to ( ) this morning.

3. 어젯밤에 내 마음 아프게 하지 않겠다고 약속했잖아.

You promised not to ( ) last night.

4. 오늘 돈 안 가져왔어.

I didn't ( ) today.

5. 그때 감기 걸렸어.

I ( ) at that time.

1. buy vitamins 2. wash the clothes 3. break my heart 4. bring money 5. caught a cold

복습 훈련 230쪽

300문장 마스터

go to the beach

해변에 가다

이 표현은 발음에 주의를 해야 해요.
beach는 자칫 잘못 발음하면 나쁜 말(bitch)이 될 수 있으니
가운데 악센트는 NO!

Preview

STEP 1 50문장 미리보기

오늘 공부할 내용을 살펴보세요. **시작부+중심부** 또는 **시작부+중심부+꾸밈부**를 연결하면 여러 가지 문장을 만들 수 있습니다.

시작부	중심부
I can ~할 수 있어	051 **apply medicine** 약을 바르다
I will ~할 거야	052 **borrow a bike** 자전거를 빌리다
I won't ~하지 않을 거야	053 **buy some clothes** 옷을 좀 사다
Let's ~하자	054 **call the waiter** 웨이터를 부르다
Don't ~하지 마	055 **change one's clothes** 옷을 갈아입다

집중 듣기 강의 듣기 스피킹 훈련

중심부	꾸밈부
056 **eat street food** 길거리 음식을 먹다	**today** 오늘
057 **go to the beach** 해변에 가다	**any more** 더 이상
058 **pay service charges** 봉사료를 내다	**after lunch** 점심 식사 후
059 **swim in the pool** 수영장에서 수영하다	**if you want** 네가 원한다면
060 **take a bath** 목욕하다	**from now on** 이제부터, 지금부터

하루 50문장 말하기

시작부와 **중심부**를 연결하여 문장을 만들어 보세요.
하루에 중심부 10개만 공부하면 시작부 5개와 결합시켜 50문장을 말할 수 있습니다.

시작부	중심부 (1)
I can ~할 수 있어	051 **apply medicine** 약을 바르다
I will ~할 거야	052 **borrow a bike** 자전거를 빌리다
I won't ~하지 않을 거야	053 **buy some clothes** 옷을 좀 사다
Let's ~하자	054 **call the waiter** 웨이터를 부르다
Don't ~하지 마	055 **change one's clothes** 옷을 갈아입다

하루 50문장 말하기 (1)

□□□	I can	**apply medicine**	난 약 바를 수 있어
□□□		borrow a bike	자전거 빌릴 수 있어
□□□		buy some clothes	옷을 좀 살 수 있어
□□□		call the waiter	웨이터 부를 수 있어
□□□		change my clothes	옷 갈아입을 수 있어
□□□	I will	apply medicine	난 약 바를 거야
□□□		**borrow a bike**	자전거 빌릴 거야
□□□		buy some clothes	옷을 좀 살 거야
□□□		call the waiter	웨이터를 부를 거야
□□□		change my clothes	옷을 갈아입을 거야
□□□	I won't	apply medicine	난 약 안 바를 거야
□□□		borrow a bike	자전거 안 빌릴 거야
□□□		**buy some clothes**	옷 안 살 거야
□□□		call the waiter	웨이터 안 부를 거야
□□□		change my clothes	옷 안 갈아입을 거야
□□□	Let's	apply medicine	우리 약 바르자
□□□		borrow a bike	자전거 빌리자
□□□		buy some clothes	옷 좀 사자
□□□		**call the waiter**	웨이터 부르자
□□□		change our clothes	옷 갈아입자
□□□	Don't	apply medicine	약 바르지 마
□□□		borrow a bike	자전거 빌리지 마
□□□		buy some clothes	옷 좀 사지 마
□□□		call the waiter	웨이터 부르지 마
□□□		**change your clothes**	옷 갈아입지 마

다음 페이지에 계속됩니다.

Speak out

시작부와 **중심부**를 연결하여 문장을 만들어 보세요.

시작부	중심부 (2)
I can ~할 수 있어	056 **eat street food** 길거리 음식을 먹다
I will ~할 거야	057 **go to the beach** 해변에 가다
I won't ~하지 않을 거야	058 **pay service charges** 봉사료를 내다
Let's ~하자	059 **swim in the pool** 수영장에서 수영하다
Don't ~하지 마	060 **take a bath** 목욕하다

I can	**eat street food**	난 길거리 음식 먹을 수 있어
	go to the beach	해변에 갈 수 있어
	pay service charges	봉사료 낼 수 있어
	swim in the pool	수영장에서 수영할 수 있어
	take a bath	목욕할 수 있어
I will	eat street food	난 길거리 음식 먹을 거야
	go to the beach	해변에 갈 거야
	pay service charges	봉사료 낼 거야
	swim in the pool	수영장에서 수영할 거야
	take a bath	목욕할 거야
I won't	eat street food	난 길거리 음식 안 먹을 거야
	go to the beach	해변에 가지 않을 거야
	pay service charges	봉사료 안 낼 거야
	swim in the pool	수영장에서 수영 안 할 거야
	take a bath	목욕 안 할 거야
Let's	eat street food	우리 길거리 음식 먹자
	go to the beach	해변에 가자
	pay service charges	봉사료를 내자
	swim in the pool	수영장에서 수영하자
	take a bath	목욕하자
Don't	eat street food	길거리 음식 먹지 마
	go to the beach	해변에 가지 마
	pay service charges	봉사료 내지 마
	swim in the pool	수영장에서 수영하지 마
	take a bath	목욕하지 마

Speak more

좀 더 길게 말해 보기

시작부 + **중심부** 뒤에 **꾸밈부**를 붙여서 좀 더 길게 말해 보세요.

시작부	중심부	꾸밈부
1 오늘은 자전거 빌리지 마.		today
2 나 점심 먹고 옷 살 거야.		after lunch
3 더 이상 웨이터 부르지 마.		any more
4 네가 원한다면 옷을 갈아입을 수 있어.		if you want
5 이제부터 길거리 음식을 먹을 거야.		from now on
6 오늘 해변에 가자.		today
7 더 이상 봉사료 안 낼 거야.		any more
8 네가 원한다면 수영장에서 수영 안 할 거야.		if you want

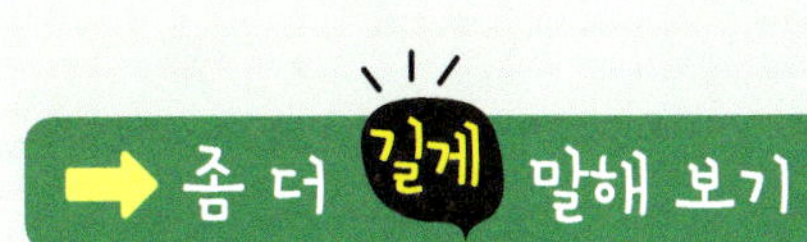

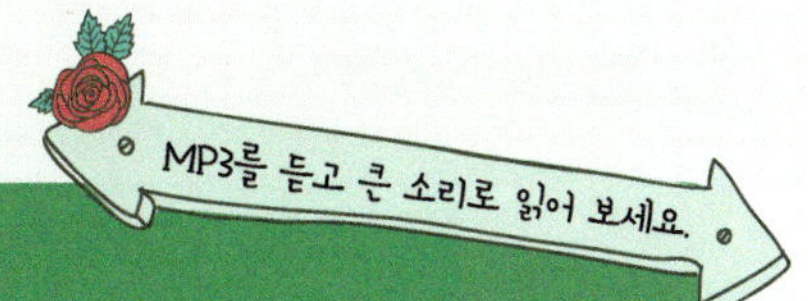

□□□ Don't borrow a bike today.

□□□ I will buy some clothes after lunch.

□□□ Don't call the waiter any more.

□□□ I can change my clothes if you want.

□□□ I will eat street food from now on.

□□□ Let's go to the beach today.

□□□ I won't pay service charges any more.

□□□ I won't swim in the pool if you want.

빈칸에 알맞은 말을 보기 중에서 골라 넣어 보세요.

1. 네가 원한다면 봉사료를 낼 수 있어.

   I can ______ if you want.

2. 오늘 목욕할 거야.

   I will ______ today.

3. 더 이상 옷 안 살 거야.

   I won't ______ any more.

4. 점심 먹고 약 바르자.

   Let's ______ after lunch.

5. 앞으로 길거리 음식 먹지 마.

   Don't ______ from now on.

1. pay service charges 2. take a bath 3. buy some clothes 4. apply medicine 5. eat street food

복습 훈련 232쪽

350문장 마스터

give someone a hand

~를 도와주다

누군가에게 '손을 내밀어 주다'이니 즉 '도와주다'라는 뜻이죠.
여행을 하다 보면 갑자기 누군가를 도와주거나 도움이 필요할 때가 많으니
유용하게 쓸 수 있겠죠.

50문장 미리보기

오늘 공부할 내용을 살펴보세요. **시작부+중심부** 또는 **시작부+중심부+꾸밈부**를 연결하면 여러 가지 문장을 만들 수 있습니다.

시작부	중심부
Please ~하세요	061 **cross the street** 길을 건너다
I have to ~해야 해	062 **develop pictures** 사진을 현상하다
I want to ~하고 싶어	063 **drink ice water** 얼음물을 마시다
I don't want to ~하고 싶지 않아	064 **eat snacks** 간식을 먹다
You don't have to 너 ~하지 않아도 돼	065 **give someone a hand** ~를 도와주다

집중 듣기

강의 듣기

스피킹 훈련

중심부	꾸밈부
066 **pay admission fees** 입장료를 내다	**now** 지금, 이제
067 **stay in a hotel** 호텔에 머물다	**today** 오늘
068 **take a train** 기차를 타다	**honestly** 솔직히
069 **visit the museum** 박물관을 방문하다	**first of all** 우선, 먼저
070 **withdraw money** 돈을 인출하다	**if possible** 가능하다면

하루 50문장 말하기

시작부와 **중심부**를 연결하여 문장을 만들어 보세요.
하루에 중심부 10개만 공부하면 시작부 5개와 결합시켜 50문장을 말할 수 있습니다.

시작부	중심부 (1)
Please ~하세요	061 **cross the street** 길을 건너다
I have to ~해야 해	062 **develop pictures** 사진을 현상하다
I want to ~하고 싶어	063 **drink ice water** 얼음물을 마시다
I don't want to ~하고 싶지 않아	064 **eat snacks** 간식을 먹다
You don't have to 너 ~하지 않아도 돼	065 **give someone a hand** ~를 도와주다

하루 50문장 말하기 (1)

□□□	**Please**	**cross the street**	길을 건너세요
□□□		develop pictures	사진을 현상하세요
□□□		drink ice water	얼음물을 드세요
□□□		eat snacks	간식 드세요
□□□		give me a hand	저 좀 도와주세요
□□□	**I have to**	cross the street	나 길을 건너야 해
□□□		**develop pictures**	사진을 현상해야 해
□□□		drink ice water	얼음물을 마셔야 해
□□□		eat snacks	간식을 먹어야 해
□□□		give him a hand	그 남자를 도와줘야 해
□□□	**I want to**	cross the street	나 길 건너고 싶어
□□□		develop pictures	사진을 현상하고 싶어
□□□		**drink ice water**	얼음물 마시고 싶어
□□□		eat snacks	간식 먹고 싶어
□□□		give you a hand	널 도와주고 싶어
□□□	**I don't want to**	cross the street	난 길 건너고 싶지 않아
□□□		develop pictures	사진 현상하고 싶지 않아
□□□		drink ice water	얼음물을 마시고 싶지 않아
□□□		**eat snacks**	간식 먹고 싶지 않아
□□□		give him a hand	그 남자를 도와주고 싶지 않아
□□□	**You don't have to**	cross the street	넌 길 건너지 않아도 돼
□□□		develop pictures	사진을 현상하지 않아도 돼
□□□		drink ice water	얼음물을 마시지 않아도 돼
□□□		eat snacks	간식 먹지 않아도 돼
□□□		**give me a hand**	나 도와주지 않아도 돼

다음 페이지에 계속됩니다.

Speak out

시작부와 **중심부**를 연결하여 문장을 만들어 보세요.

시작부	중심부 (2)
Please ~하세요	066 pay admission fees 입장료를 내다
I have to ~해야 해	067 stay in a hotel 호텔에 머물다
I want to ~하고 싶어	068 take a train 기차를 타다
I don't want to ~하고 싶지 않아	069 visit the museum 박물관을 방문하다
You don't have to 너 ~하지 않아도 돼	070 withdraw money 돈을 인출하다

□□□	**Please**	**pay admission fees**	입장료를 내세요
□□□		stay in a hotel	호텔에 머무세요
□□□		take a train	기차를 타세요
□□□		visit the museum	박물관을 방문하세요
□□□		withdraw money	돈을 인출하세요
□□□	**I have to**	pay admission fees	나 입장료를 내야 해
□□□		**stay in a hotel**	호텔에 머물러야 해
□□□		take a train	기차를 타야 해
□□□		visit the museum	박물관을 방문해야 해
□□□		withdraw money	돈을 인출해야 해
□□□	**I want to**	pay admission fees	나 입장료 내고 싶어
□□□		stay in a hotel	호텔에 머물고 싶어
□□□		**take a train**	기차 타고 싶어
□□□		visit the museum	박물관을 방문하고 싶어
□□□		withdraw money	돈을 인출하고 싶어
□□□	**I don't want to**	pay admission fees	난 입장료 내고 싶지 않아
□□□		stay in a hotel	호텔에 머물고 싶지 않아
□□□		take a train	기차 타고 싶지 않아
□□□		**visit the museum**	박물관을 방문하고 싶지 않아
□□□		withdraw money	돈을 인출하고 싶지 않아
□□□	**You don't have to**	pay admission fees	넌 입장료 내지 않아도 돼
□□□		stay in a hotel	호텔에 머물지 않아도 돼
□□□		take a train	기차를 타지 않아도 돼
□□□		visit the museum	박물관을 방문하지 않아도 돼
□□□		**withdraw money**	돈을 인출하지 않아도 돼

좀 더 길게 말해 보기

시작부 + **중심부** 뒤에 **꾸밈부**를 붙여서 좀 더 길게 말해 보세요.

시작부	중심부	꾸밈부
1 솔직히 나 얼음물 마시고 싶어.		honestly
2 지금은 간식 먹고 싶지 않아.		now
3 가능하다면 절 도와주세요.		if possible
4 지금 입장료 내지 않아도 돼.		now
5 오늘은 호텔에 머무세요.		today
6 가능하다면 기차 타고 싶어.		if possible
7 오늘은 박물관 가고 싶지 않아.		today
8 우선 돈을 인출해야 해.		first of all

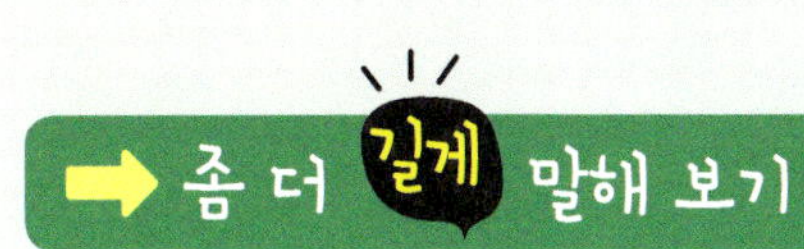

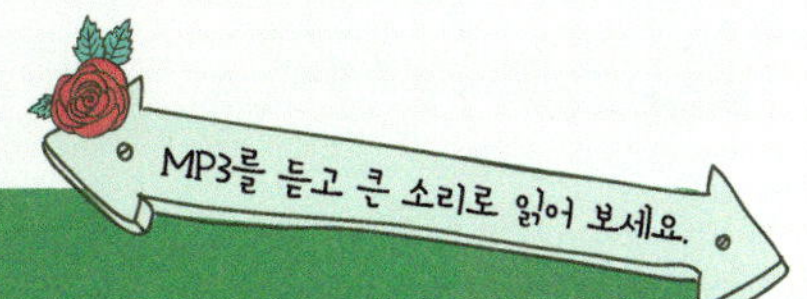

☐☐☐ Honestly, I want to drink ice water.

☐☐☐ I don't want to eat snacks now.

☐☐☐ Please give me a hand if possible.

☐☐☐ You don't have to pay admission fees now.

☐☐☐ Please stay in a hotel today.

☐☐☐ I want to take a train if possible.

☐☐☐ I don't want to visit the museum today.

☐☐☐ First of all, I have to withdraw money.

빈칸에 알맞은 말을 보기 중에서 골라 넣어 보세요.

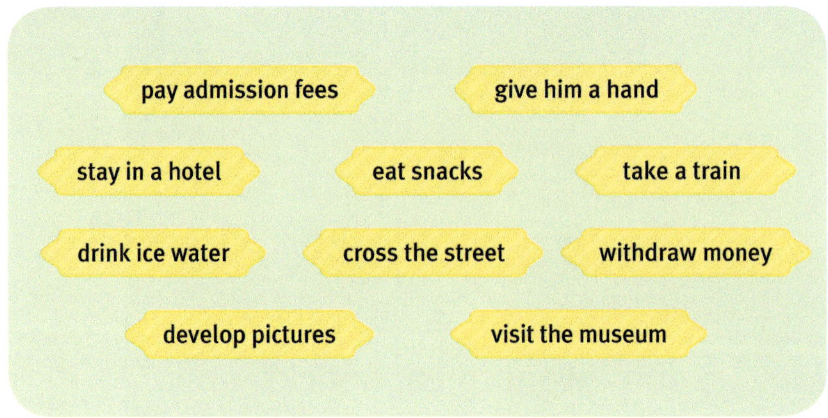

1. 지금 얼음물 드세요.

   Please ______ now.

2. 우선 입장료를 내야 해.

   I have to ______ first of all.

3. 가능하다면 사진을 현상하고 싶어.

   I want to ______ if possible.

4. 솔직히 박물관에 가고 싶지 않아.

   Honestly, I don't want to ______ .

5. 오늘 호텔에 머물지 않아도 돼.

   You don't have to ______ today.

1. drink ice water 2. pay admission fees 3. develop pictures 4. visit the museum 5. stay in a hotel

복습 훈련 234쪽

400문장 마스터

cut corners

경비를 절약하다

달리기를 할 때 경기장 트랙을 따라 뛰기보다
코너를 가로질러 간다면 시간이 더 단축되겠죠?
cut corners는 경비를 아끼기 위해 퀄러티를 포기하고
물건을 싸게 사는 경우에도 사용한답니다.

Preview

50문장 미리보기

오늘 공부할 내용을 살펴보세요. **시작부+중심부** 또는 **시작부+중심부+꾸밈부**를 연결하면 여러 가지 문장을 만들 수 있습니다.

시작부	중심부
It's hard to ~하기 어려워	071 **buy local goods** 지역 특산품을 사다
I'm here to ~하러 왔어	072 **check the baggage** 짐을 확인하다
I'm trying to ~하려고 노력 중이야	073 **choose only one** 하나만 선택하다
It's not easy to ~하는 건 쉽지 않아	074 **cut corners** 경비를 절약하다
I was just about to ~하려던 참이었어	075 **dive off the cliff** 절벽에서 다이빙하다

집중 듣기 강의 듣기 스피킹 훈련

중심부	꾸밈부
076 **find the way** 길을 찾다	**now** 지금, 이제
077 **give someone a choice** ~에게 선택권을 주다	**actually** 사실, 실은
078 **keep a secret** 비밀을 지키다	**these days** 요즘
079 **make a reservation** 예약을 하다	**over and over** 반복해서, 계속해서
080 **see the sunrise** 해돋이를 보다	**as I told you before** 전에 말했듯이

하루 50문장 말하기

시작부와 **중심부**를 연결하여 문장을 만들어 보세요.
하루에 중심부 10개만 공부하면 시작부 5개와 결합시켜 50문장을 말할 수 있습니다.

시작부	중심부 (1)
It's hard to ~하기 어려워	071 **buy local goods** 지역 특산품을 사다
I'm here to ~하러 왔어	072 **check the baggage** 짐을 확인하다
I'm trying to ~하려고 노력 중이야	073 **choose only one** 하나만 선택하다
It's not easy to ~하는 건 쉽지 않아	074 **cut corners** 경비를 절약하다
I was just about to ~하려던 참이었어	075 **dive off the cliff** 절벽에서 다이빙하다

하루 50 문장 말하기 (1)

It's hard to	**buy local goods**	지역 특산품을 사기 어려워
	check the baggage	짐을 확인하기 어려워
	choose only one	하나만 선택하기 어려워
	cut corners	경비를 절약하기 힘들어
	dive off the cliff	절벽에서 다이빙하는 건 어려워
I'm here to	buy local goods	난 지역 특산품을 사러 왔어
	check the baggage	짐을 확인하러 왔어
	choose only one	하나만 선택하러 왔어
	cut corners	경비를 절약하러 왔어
	dive off the cliff	절벽에서 다이빙하러 왔어
I'm trying to	buy local goods	난 지역 특산품을 사려고 노력 중이야
	check the baggage	짐을 확인하려고 노력 중이야
	choose only one	하나만 선택하려고 노력 중이야
	cut corners	경비를 절약하려고 노력 중이야
	dive off the cliff	절벽에서 다이빙하려고 노력 중이야
It's not easy to	buy local goods	지역 특산품을 사는 건 쉽지 않아
	check the baggage	짐을 확인하는 건 쉽지 않아
	choose only one	하나만 선택하는 건 쉽지 않아
	cut corners	경비를 절약하는 건 쉽지 않아
	dive off the cliff	절벽에서 다이빙하는 건 쉽지 않아
I was just about to	buy local goods	나 지역 특산품을 사려던 참이었어
	check the baggage	짐을 확인하려던 참이었어
	choose only one	하나만 선택하려던 참이었어
	cut corners	경비를 절약하려던 참이었어
	dive off the cliff	절벽에서 다이빙하려던 참이었어

다음 페이지에 계속됩니다.

Speak out

시작부와 **중심부**를 연결하여 문장을 만들어 보세요.

시작부	중심부 (2)
It's hard to ~하기 어려워	076 find the way 길을 찾다
I'm here to ~하러 왔어	077 give someone a choice ~에게 선택권을 주다
I'm trying to ~하려고 노력 중이야	078 keep a secret 비밀을 지키다
It's not easy to ~하는 건 쉽지 않아	079 make a reservation 예약을 하다
I was just about to ~하려던 참이었어	080 see the sunrise 해돋이를 보다

□□□	**It's hard to**	**find the way**	길을 찾기 힘들어
□□□		give him a choice	그 남자한테 선택권을 주기 힘들어
□□□		keep a secret	비밀을 지키기 어려워
□□□		make a reservation	예약하기 힘들어
□□□		see the sunrise	해돋이를 보기 어려워
□□□	**I'm here to**	find the way	난 길을 찾으러 왔어
□□□		**give you a choice**	너한테 선택권을 주려고 왔어
□□□		keep a secret	비밀을 지키려고 왔어
□□□		make a reservation	예약하려고 왔어
□□□		see the sunrise	해돋이를 보려고 왔어
□□□	**I'm trying to**	find the way	난 길을 찾으려고 노력 중이야
□□□		give you a choice	너한테 선택권을 주려고 노력 중이야
□□□		**keep a secret**	비밀을 지키려고 노력 중이야
□□□		make a reservation	예약하려고 노력 중이야
□□□		see the sunrise	해돋이를 보려고 노력 중이야
□□□	**It's not easy to**	find the way	길을 찾는 건 쉽지 않아
□□□		give her a choice	그녀에게 선택권을 주는 건 쉽지 않아
□□□		keep a secret	비밀을 지키는 건 쉽지 않아
□□□		**make a reservation**	예약을 하기 쉽지 않아
□□□		see the sunrise	해돋이를 보는 건 쉽지 않아
□□□	**I was just about to**	find the way	나 길을 찾으려던 참이었어
□□□		give you a choice	너한테 선택권을 주려던 참이었어
□□□		keep a secret	비밀을 지키려던 참이었어
□□□		make a reservation	예약하려던 참이었어
□□□		**see the sunrise**	해돋이를 보려던 참이었어

Speak more

STEP 3 좀 더 길게 말해 보기

시작부 + **중심부** 뒤에 **꾸밈부**를 붙여서 좀 더 길게 말해 보세요.

시작부	중심부	꾸밈부

1 요즘은 지역 특산품을 사기 어려워. — **these days**

2 지금 짐을 확인하려던 참이었어. — **now**

3 사실 하나만 선택하긴 어려워. — **actually**

4 사실 절벽에서 다이빙하는 건 쉽지 않아. — **actually**

5 계속해서 길을 찾으려고 노력 중이야. — **over and over**

6 실은 너한테 선택권을 주려던 참이었어. — **actually**

7 지금 예약하러 왔어. — **now**

8 전에 말했듯이 해돋이 보는 건 쉽지 않아. — **as I told you before**

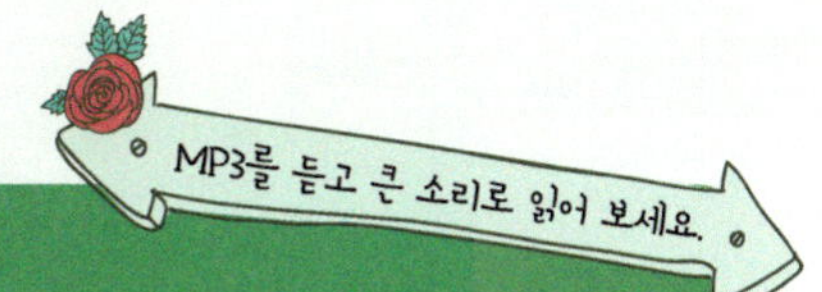

□□□ It's hard to buy local goods these days.

□□□ I was just about to check the baggage now.

□□□ Actually, It's hard to choose only one.

□□□ Actually, It's not easy to dive off the cliff.

□□□ I'm trying to find the way over and over.

□□□ Actually, I was just about to give you a choice.

□□□ I'm here to make a reservation now.

□□□ It's not easy to see the sunrise as I told you before.

빈칸에 알맞은 말을 보기 중에서 골라 넣어 보세요.

check the baggage | give me a choice | choose only one | cut corners | find the way | keep a secret | buy local goods | see the sunrise | make a reservation | dive off the cliff

1. 전에 말했듯이 하나만 선택하는 건 어려워.
It's hard to [ ] as I told you before.

2. 실은 지역 특산품을 사러 왔어.
Actaully, I'm here to [ ] .

3. 계속해서 예약하려고 노력 중이야.
I'm trying to [ ] over and over.

4. 요즘 해돋이를 보는 건 쉽지 않아.
It's not easy to [ ] these days.

5. 지금 절벽에서 다이빙하려던 참이었어.
I was just about to [ ] now.

1. choose only one 2. buy local goods 3. make a reservation 4. see the sunrise
5. dive off the cliff

복습 훈련 236쪽

450문장 마스터

carry the luggage

짐을 들어 주다

우리가 흔히 말하는 '여행용 캐리어'를
영국에서는 luggage, 미국에서는 baggage라고 한답니다.

Preview

50문장 미리보기

오늘 공부할 내용을 살펴보세요. **시작부+중심부** 또는 **시작부+중심부+꾸밈부**를 연결하면 여러 가지 문장을 만들 수 있습니다.

시작부	중심부
Can I ~? ~해도 돼?	081 **book a room** 방을 예약하다
Can you ~? ~할 수 있어?	082 **buy souvenirs** 기념품을 사다
Will you ~? ~할 거야?	083 **call out for help** 도움을 요청하다
Why don't you ~? ~하지 그래?, ~하는 게 어때?	084 **carry the luggage** 짐을 들어 주다
Do you want to ~? ~하고 싶어?	085 **drink wine** 와인을 마시다

집중 듣기

강의 듣기

스피킹 훈련

중심부	꾸밈부
086 **get a massage** 마사지를 받다	**now** 지금, 이제
087 **have brunch** 브런치를 먹다	**here** 여기
088 **make a friend** 친구를 사귀다	**today** 오늘
089 **pick up the tickets** 티켓을 찾다	**for a while** 잠깐, 한동안
090 **take a taxi** 택시를 타다	**after dinner** 저녁 식사 후

하루 50문장 말하기

시작부와 **중심부**를 연결하여 문장을 만들어 보세요.
하루에 중심부 10개만 공부하면 시작부 5개와 결합시켜 50문장을 말할 수 있습니다.

시작부	중심부 (1)
Can I ~? ~해도 돼?	081 **book a room** 방을 예약하다
Can you ~? ~할 수 있어?	082 **buy souvenirs** 기념품을 사다
Will you ~? ~할 거야?	083 **call out for help** 도움을 요청하다
Why don't you ~? ~하지 그래?, ~하는 게 어때?	084 **carry the luggage** 짐을 들어 주다
Do you want to ~? ~하고 싶어?	085 **drink wine** 와인을 마시다

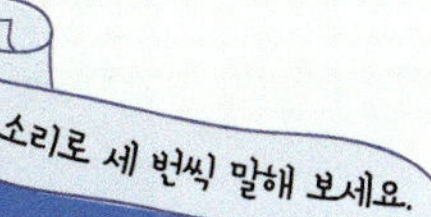

하루 50문장 말하기 (1)

Can I	**book a room?**	나 방 예약해도 돼?
	buy souvenirs?	기념품 사도 돼?
	call out for help?	도움을 요청해도 돼?
	carry the luggage?	짐을 들어 줘도 돼?
	drink wine?	와인 마셔도 돼?
Can you	book a room?	너 방 예약할 수 있어?
	buy souvenirs?	기념품 살 수 있어?
	call out for help?	도움을 구할 수 있어?
	carry the luggage?	짐을 들 수 있어?
	drink wine?	와인 마실 수 있어?
Will you	book a room?	너 방 예약할 거야?
	buy souvenirs?	기념품 살 거야?
	call out for help?	도움을 요청할 거야?
	carry the luggage?	짐을 들 거야?
	drink wine?	와인 마실 거야?
Why don't you	book a room?	방을 예약하는 게 어때?
	buy souvenirs?	기념품을 사는 게 어때?
	call out for help?	도움을 요청하는 게 어때?
	carry the luggage?	짐을 드는 게 어때?
	drink wine?	와인 마시지 그래?
Do you want to	book a room?	너 방 예약하고 싶어?
	buy souvenirs?	기념품 사고 싶어?
	call out for help?	도움을 구하고 싶어?
	carry the luggage?	짐을 들고 싶어?
	drink wine?	와인 마시고 싶어?

다음 페이지에 계속됩니다.

Speak out

시작부와 **중심부**를 연결하여 문장을 만들어 보세요.

시작부	중심부 (2)
Can I ~? ~해도 돼?	086 **get a massage** 마사지를 받다
Can you ~? ~할 수 있어?	087 **have brunch** 브런치를 먹다
Will you ~? ~할 거야?	088 **make a friend** 친구를 사귀다
Why don't you ~? ~하지 그래?, ~하는 게 어때?	089 **pick up the tickets** 티켓을 찾다
Do you want to ~? ~하고 싶어?	090 **take a taxi** 택시를 타다

□□□	**Can I**	**get a massage?**	나 마사지 받아도 돼?
□□□		have brunch?	브런치 먹어도 돼?
□□□		make a friend?	친구 사귀어도 돼?
□□□		pick up the tickets?	티켓 찾아도 돼?
□□□		take a taxi?	택시 타도 돼?
□□□	**Can you**	get a massage?	너 마사지 받을 수 있어?
□□□		**have brunch?**	브런치 먹을 수 있어?
□□□		make a friend?	친구 사귈 수 있어?
□□□		pick up the tickets?	티켓을 찾을 수 있어?
□□□		take a taxi?	택시 탈 수 있어?
□□□	**Will you**	get a massage?	너 마사지 받을 거야?
□□□		have brunch?	브런치 먹을 거야?
□□□		**make a friend?**	친구 사귈 거야?
□□□		pick up the tickets?	티켓 찾을 거야?
□□□		take a taxi?	택시 탈 거야?
□□□	**Why don't you**	get a massage?	마사지 받지 그래?
□□□		have brunch?	브런치 먹는 게 어때?
□□□		make a friend?	친구를 사귀는 게 어때?
□□□		**pick up the tickets?**	티켓을 찾는 게 어때?
□□□		take a taxi?	택시를 타지 그래?
□□□	**Do you want to**	get a massage?	너 마사지 받고 싶어?
□□□		have brunch?	브런치 먹고 싶어?
□□□		make a friend?	친구 사귀고 싶어?
□□□		pick up the tickets?	티켓을 찾고 싶어?
□□□		**take a taxi?**	택시 타고 싶어?

Speak more

좀 더 길게 말해 보기

시작부 + **중심부** 뒤에 **꾸밈부**를 붙여서 좀 더 길게 말해 보세요.

시작부	중심부	꾸밈부
1 너 지금 방 예약할 수 있어?		now
2 저녁 먹고 기념품 살 거야?		after dinner
3 지금 도움을 요청하는 게 어때?		now
4 저녁 먹고 와인 마실 거야?		after dinner
5 나 잠깐 마사지 받아도 돼?		for a while
6 여기서 친구 사귀고 싶어?		here
7 오늘 티켓 찾아도 돼?		today
8 오늘은 택시 타지 그래?		today

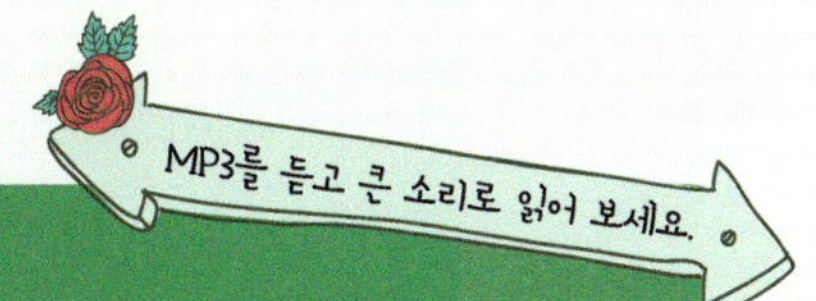

□□□ Can you book a room now?

□□□ Will you buy souvenirs after dinner?

□□□ Why don't you call out for help now?

□□□ Will you drink wine after dinner?

□□□ Can I get a massage for a while?

□□□ Do you want to make a friend here?

□□□ Can I pick up the tickets today?

□□□ Why don't you take a taxi today?

빈칸에 알맞은 말을 보기 중에서 골라 넣어 보세요.

1. 지금 택시 타도 돼?

   Can I ________ now?

2. 잠깐 짐 좀 들을 수 있어?

   Can you ________ for a while?

3. 여기서 브런치 먹을 거야?

   Will you ________ here?

4. 저녁 먹고 방 예약하는 게 어때?

   Why don't you ________ after dinner?

5. 오늘 마사지 받고 싶어?

   Do you want to ________ today?

1. take a taxi 2. carry the luggage 3. have brunch 4. book a room 5. get a massage

복습 훈련 238쪽

500문장 마스터

play card games

카드 게임을 하다

미국의 bar에 가면 포켓볼과 카드 게임을 하는 모습을 종종 볼 수 있죠. 미국에서는 가족들이 모여 이야기를 나누며 카드 게임을 하는 모습 또한 쉽게 볼 수 있답니다.

50문장 미리보기

오늘 공부할 내용을 살펴보세요. **시작부+중심부** 또는 **시작부+중심부+꾸밈부**를 연결하면 여러 가지 문장을 만들 수 있습니다.

시작부	중심부
Did you ~? ~했어?	091 **break the law** 법을 위반하다
I told you not to 내가 ~하지 말라고 했잖아	092 **drink a cocktail** 칵테일을 마시다
You promised not to ~하지 않겠다고 약속했잖아	093 **forget the number** 번호를 잊어버리다
I didn't ~하지 않았어	094 **get a shock** 충격을 받다
I (과거형) ~했어	095 **hide the fact** 사실을 숨기다

집중 듣기

강의 듣기

스피킹 훈련

중심부	꾸밈부
096 **make a mistake** 실수를 하다	**today** 오늘
097 **meet online** 온라인에서 만나다	**last night** 어젯밤
098 **play card games** 카드 게임을 하다	**this morning** 오늘 아침
099 **put on some weight** 살이 찌다	**over and over** 반복해서, 계속해서
100 **wear sunglasses** 선글라스를 쓰다	**a little while ago** 아까, 조금 전에

하루 50문장 말하기

시작부와 **중심부**를 연결하여 문장을 만들어 보세요.
하루에 중심부 10개만 공부하면 시작부 5개와 결합시켜 50문장을 말할 수 있습니다.

시작부	중심부 (1)
Did you ~? ~했어?	091 **break the law** 법을 위반하다
I told you not to 내가 ~하지 말라고 했잖아	092 **drink a cocktail** 칵테일을 마시다
You promised not to ~하지 않겠다고 약속했잖아	093 **forget the number** 번호를 잊어버리다
I didn't ~하지 않았어	094 **get a shock** 충격을 받다
I (과거형) ~했어	095 **hide the fact** 사실을 숨기다

Did you	**break the law?**	너 법을 위반했어?
	drink a cocktail?	칵테일 마셨어?
	forget the number?	번호를 잊어버렸어?
	get a shock?	충격 받았어?
	hide the fact?	사실을 숨겼어?
I told you not to	break the law	내가 법을 위반하지 말라고 했잖아
	drink a cocktail	칵테일 마시지 말라고 했잖아
	forget the number	번호를 잊어버리지 말라고 했잖아
	get a shock	충격 받지 말라고 했잖아
	hide the fact	사실을 숨기지 말라고 했잖아
You promised not to	break the law	너 법을 위반하지 않기로 약속했잖아
	drink a cocktail	칵테일 마시지 않겠다고 약속했잖아
	forget the number	번호 잊지 않겠다고 약속했잖아
	get a shock	충격 받지 않겠다고 약속했잖아
	hide the fact	사실을 숨기지 않겠다고 약속했잖아
I didn't	break the law	나 법을 어기지 않았어
	drink a cocktail	칵테일 안 마셨어
	forget the number	번호를 잊어버리지 않았어
	get a shock	충격 안 받았어
	hide the fact	사실을 숨기지 않았어
I (과거형)	broke the law	나 법을 위반했어
	drank a cocktail	칵테일 마셨어
	forgot the number	번호를 잊어버렸어
	got a shock	충격 받았어
	hid the fact	사실을 숨겼어

다음 페이지에 계속됩니다.

시작부와 중심부를 연결하여 문장을 만들어 보세요.

시작부	중심부 (2)
Did you ~? ~했어?	096 make a mistake 실수를 하다
I told you not to 내가 ~하지 말라고 했잖아	097 meet online 온라인에서 만나다
You promised not to ~하지 않겠다고 약속했잖아	098 play card games 카드 게임을 하다
I didn't ~하지 않았어	099 put on some weight 살이 찌다
I (과거형) ~했어	100 wear sunglasses 선글라스를 쓰다

□□□	Did you	**make a mistake?**	너 실수했어?
□□□		meet online?	온라인에서 만났어?
□□□		play card games?	카드 게임 했어?
□□□		put on some weight?	살쪘어?
□□□		wear sunglasses?	선글라스 썼어?
□□□	I told you not to	make a mistake	내가 실수하지 말라고 했잖아
□□□		**meet online**	온라인에서 만나지 말라고 했잖아
□□□		play card games	카드 게임 하지 말라고 했잖아
□□□		put on some weight	살찌지 말라고 했잖아
□□□		wear sunglasses	선글라스 쓰지 말라고 했잖아
□□□	You promised not to	make a mistake	너 실수하지 않기로 약속했잖아
□□□		meet online	온라인에서 만나지 않기로 약속했잖아
□□□		**play card games**	카드 게임 하지 않기로 약속했잖아
□□□		put on some weight	살찌지 않겠다고 약속했잖아
□□□		wear sunglasses	선글라스 쓰지 않겠다고 약속했잖아
□□□	I didn't	make a mistake	나 실수 안 했어
□□□		meet online	온라인에서 안 만났어
□□□		play card games	카드 게임 안 했어
□□□		**put on some weight**	살 안 쪘어
□□□		wear sunglasses	선글라스 안 썼어
□□□	I (과거형)	made a mistake	나 실수했어
□□□		met online	온라인에서 만났어
□□□		played card games	카드 게임 했어
□□□		put on some weight	살쪘어
□□□		**wore sunglasses**	선글라스 썼어

좀 더 길게 말해 보기

시작부 + **중심부** 뒤에 **꾸밈부**를 붙여서 좀 더 길게 말해 보세요.

시작부	중심부	꾸밈부

1 내가 계속 법을 위반하지 말라고 말했잖아. — **over and over**

2 어젯밤에 칵테일 마셨어? — **last night**

3 오늘 아침에 번호 잊어버리지 말라고 했잖아. — **this morning**

4 나 아까 충격 받았어. — **a little while ago**

5 어젯밤에 사실을 숨기지 않겠다고 약속했잖아. — **last night**

6 나 오늘 실수했어. — **today**

7 오늘 아침에 온라인에서 안 만났어. — **this morning**

8 어젯밤에 카드 게임 했어? — **last night**

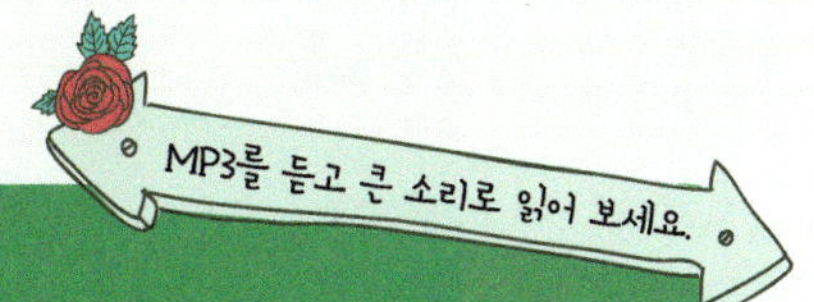

- [ ] I told you not to break the law over and over.
- [ ] Did you drink a cocktail last night?
- [ ] I told you not to forget the number this morning.
- [ ] I got a shock a little while ago.
- [ ] You promised not to hide the fact last night.
- [ ] I made a mistake today.
- [ ] I didn't meet online this morning.
- [ ] Did you play card games last night?

빈칸에 알맞은 말을 보기 중에서 골라 넣어 보세요.

forget the number	put on some weight	
hide the fact	meet online	break the law
drink a cocktail	play card games	make a mistake
got a shock	wear sunglasses	

1. 너 어젯밤에 실수했어?

   Did you ________ last night?

2. 내가 계속 카드 게임 하지 말라고 했잖아.

   I told you not to ________ over and over.

3. 오늘 아침에 법을 위반하지 않기로 약속했잖아.

   You promised not to ________ this morning.

4. 난 아까 사실을 숨기지 않았어.

   I didn't ________ a little while ago.

5. 오늘 충격 받았어.

   I ________ today.

1. make a mistake 2. play card games 3. break the law 4. hide the fact 5. got a shock

복습 훈련 240쪽

550문장 마스터

cross the bridge

다리를 건너다

유럽의 다리들을 보면 단순히 건너가는 역할만 하는 것이 아니라
그 지역의 역사와 가치를 대표하고
사랑을 이어주는 가교 역할까지 하는 경우를 볼 수 있습니다.
퐁네프의 연인들로 잘 알려진 세느 강에 있는 퐁데자르가 대표적인 예죠.

Preview

50문장 미리보기

오늘 공부할 내용을 살펴보세요. **시작부+중심부** 또는 **시작부+중심부+꾸밈부**를 연결하면 여러 가지 문장을 만들 수 있습니다.

시작부	중심부
I can ~할 수 있어	101 **call the police** 경찰을 부르다
I will ~할 거야	102 **cross the bridge** 다리를 건너다
I won't ~하지 않을 거야	103 **eat ice cream** 아이스크림을 먹다
Let's ~하자	104 **give someone a wakeup call** ~에게 모닝콜을 해 주다
Don't ~하지 마	105 **go for a walk** 산책하러 가다

집중 듣기	강의 듣기	스피킹 훈련

중심부	꾸밈부
106 **improve one's English skills** 영어 실력을 늘리다	**now** 지금, 이제
107 **pick someone up** ~를 차로 데리러 가다	**first of all** 우선, 먼저
108 **talk about travel** 여행에 대해서 얘기하다	**any more** 더 이상
109 **tell a lie** 거짓말을 하다	**if you want** 네가 원한다면
110 **use public transportation** 대중교통을 이용하다	**tomorrow morning** 내일 아침

하루 50문장 말하기

시작부와 **중심부**를 연결하여 문장을 만들어 보세요.
하루에 중심부 10개만 공부하면 시작부 5개와 결합시켜 50문장을 말할 수 있습니다.

시작부	중심부 (1)
I can ~할 수 있어	101 **call the police** 경찰을 부르다
I will ~할 거야	102 **cross the bridge** 다리를 건너다
I won't ~하지 않을 거야	103 **eat ice cream** 아이스크림을 먹다
Let's ~하자	104 **give someone a wakeup call** ~에게 모닝콜을 해 주다
Don't ~하지 마	105 **go for a walk** 산책하러 가다

하루 50 문장 말하기 (1)

☐☐☐	**I can**	**call the police**	난 경찰을 부를 수 있어
☐☐☐		cross the bridge	다리를 건널 수 있어
☐☐☐		eat ice cream	아이스크림을 먹을 수 있어
☐☐☐		give you a wakeup call	너한테 모닝콜 해 줄 수 있어
☐☐☐		go for a walk	산책하러 갈 수 있어
☐☐☐	**I will**	call the police	난 경찰 부를 거야
☐☐☐		**cross the bridge**	다리를 건널 거야
☐☐☐		eat ice cream	아이스크림 먹을 거야
☐☐☐		give you a wakeup call	너한테 모닝콜 해 줄 거야
☐☐☐		go for a walk	산책하러 갈 거야
☐☐☐	**I won't**	call the police	난 경찰 안 부를 거야
☐☐☐		cross the bridge	다리 안 건널 거야
☐☐☐		**eat ice cream**	아이스크림 안 먹을 거야
☐☐☐		give you a wakeup call	너한테 모닝콜 안 해 줄 거야
☐☐☐		go for a walk	산책하러 가지 않을 거야
☐☐☐	**Let's**	call the police	우리 경찰 부르자
☐☐☐		cross the bridge	다리를 건너자
☐☐☐		eat ice cream	아이스크림 먹자
☐☐☐		**give him a wakeup call**	그 남자한테 모닝콜 해 주자
☐☐☐		go for a walk	산책하러 가자
☐☐☐	**Don't**	call the police	경찰 부르지 마
☐☐☐		cross the bridge	다리 건너지 마
☐☐☐		eat ice cream	아이스크림 먹지 마
☐☐☐		give me a wakeup call	나한테 모닝콜 하지 마
☐☐☐		**go for a walk**	산책하러 가지 마

다음 페이지에 계속됩니다.

Speak out

시작부와 **중심부**를 연결하여 문장을 만들어 보세요.

시작부	중심부 (2)
I can ~할 수 있어	106 **improve one's English skills** 영어 실력을 늘리다
I will ~할 거야	107 **pick someone up** ~를 차로 데리러 가다
I won't ~하지 않을 거야	108 **talk about travel** 여행에 대해서 얘기하다
Let's ~하자	109 **tell a lie** 거짓말을 하다
Don't ~하지 마	110 **use public transportation** 대중교통을 이용하다

□□□	I can	**improve my English skills**	난 영어 실력을 늘릴 수 있어
□□□		pick you up	널 (차로) 데리러 갈 수 있어
□□□		talk about travel	여행에 대해서 얘기할 수 있어
□□□		tell a lie	거짓말할 수 있어
□□□		use public transportation	대중교통을 이용할 수 있어
□□□	I will	improve my English skills	난 영어 실력을 늘릴 거야
□□□		**pick you up**	널 (차로) 데리러 갈 거야
□□□		talk about travel	여행에 대해서 얘기할 거야
□□□		tell a lie	거짓말할 거야
□□□		use public transportation	대중교통을 이용할 거야
□□□	I won't	improve my English skills	난 영어 실력을 늘리지 않을 거야
□□□		pick you up	널 (차로) 데리러 가지 않을 거야
□□□		**talk about travel**	여행에 대해서 얘기 안 할 거야
□□□		tell a lie	거짓말 안 할 거야
□□□		use public transportation	대중교통을 이용하지 않을 거야
□□□	Let's	improve our English skills	우리 영어 실력을 늘리자
□□□		pick her up	그 여자를 (차로) 데리러 가자
□□□		talk about travel	여행에 대해서 얘기하자
□□□		**tell a lie**	거짓말을 하자
□□□		use public transportation	대중교통을 이용하자
□□□	Don't	improve your English skills	너 영어 실력 늘리지 마
□□□		pick me up	날 (차로) 데리러 오지 마
□□□		talk about travel	여행에 대해서 얘기하지 마
□□□		tell a lie	거짓말하지 마
□□□		**use public transportation**	대중교통 이용하지 마

Speak more

좀 더 길게 말해 보기

시작부 + **중심부** 뒤에 **꾸밈부**를 붙여서 좀 더 길게 말해 보세요.

시작부	중심부	꾸밈부

1 네가 원한다면 경찰을 부를 수 있어. — **if you want**

2 지금 다리 건너지 마. — **now**

3 지금 아이스크림 안 먹을 거야. — **now**

4 내일 아침에 너한테 모닝콜 해 줄게. — **tomorrow morning**

5 우선 우리 영어 실력을 늘리자. — **first of all**

6 우선 너를 차로 데리러 갈 거야. — **first of all**

7 더 이상 거짓말하지 마. — **any more**

8 일단 대중교통을 이용하자. — **first of all**

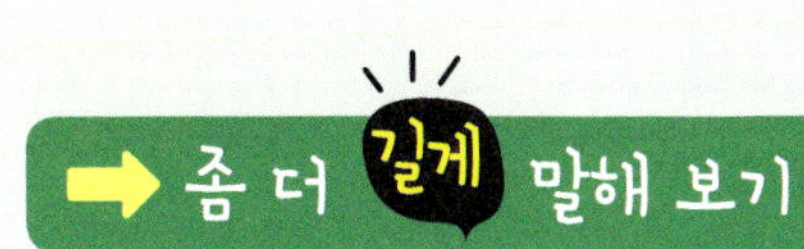

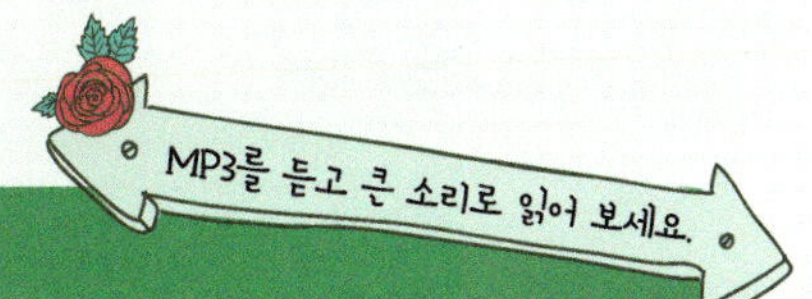

□□□ I can call the police if you want.

□□□ Don't cross the bridge now.

□□□ I won't eat ice cream now.

□□□ I will give you a wakeup call tomorrow morning.

□□□ First of all, let's improve our English skills.

□□□ I will pick you up first of all.

□□□ Don't tell a lie any more.

□□□ First of all, let's use public transportation.

빈칸에 알맞은 말을 보기 중에서 골라 넣어 보세요.

improve my English skills | give you a wakeup call | eat ice cream | tell a lie | call the police | go for a walk | cross the bridge | pick you up | talk about travel | use public transportation

1. 내일 아침에 너한테 모닝콜 할 수 있어.

I can ______ tomorrow morning.

2. 네가 원한다면 차로 널 데리러 갈게.

I will ______ if you want.

3. 더 이상 거짓말 안 할 거야.

I won't ______ any more.

4. 우선 여행에 대해서 얘기하자.

Let's ______ first of all.

5. 지금 아이스크림 먹지 마.

Don't ______ now.

1. give you a wakeup call 2. pick you up 3. tell a lie 4. talk about travel 5. eat ice cream

복습 훈련 242쪽

600문장 마스터

keep the change

잔돈을 가지다

뉴욕의 옐로우캡 택시 NYC의 특이한 점은
택시 강도를 막기 위해 승객을 조수석에 태우지 않고 뒷자석에 태운다는 겁니다.
택시 기사님께 잔돈을 받지 않을 때 이 표현을 사용해 보세요.

STEP 1 50문장 미리보기

오늘 공부할 내용을 살펴보세요. **시작부+중심부** 또는 **시작부+중심부+꾸밈부**를 연결하면 여러 가지 문장을 만들 수 있습니다.

시작부	중심부
Please ~하세요	111 **eat Japanese food** 일본 음식을 먹다
I have to ~해야 해	112 **give someone a discount** ~에게 할인해 주다
I want to ~하고 싶어	113 **go to the stadium** 경기장을 가다
I don't want to ~하고 싶지 않아	114 **keep the change** 잔돈을 가지다
You don't have to 너 ~하지 않아도 돼	115 **listen to others** (다른) 사람들 얘기를 듣다

집중 듣기 강의 듣기 스피킹 훈련

중심부	꾸밈부
116 **make a payment** 납부하다	**now** 지금, 이제
117 **stay up all night** 밤을 새우다	**actually** 사실, 실은
118 **study abroad** 외국에서 공부하다	**any more** 더 이상
119 **take a guess** 추측하다	**if possible** 가능하다면
120 **wash one's feet** 발을 씻다	**over and over** 반복해서, 계속해서

하루 50문장 말하기

시작부와 **중심부**를 연결하여 문장을 만들어 보세요.
하루에 중심부 10개만 공부하면 시작부 5개와 결합시켜 50문장을 말할 수 있습니다.

시작부	중심부 (1)
Please ~하세요	111 **eat Japanese food** 일본 음식을 먹다
I have to ~해야 해	112 **give someone a discount** ~에게 할인해 주다
I want to ~하고 싶어	113 **go to the stadium** 경기장을 가다
I don't want to ~하고 싶지 않아	114 **keep the change** 잔돈을 가지다
You don't have to 너 ~하지 않아도 돼	115 **listen to others** (다른) 사람들 얘기를 듣다

Please	**eat Japanese food**	일본 음식을 드세요
	give me a discount	저 할인해 주세요
	go to the stadium	경기장에 가세요
	keep the change	잔돈은 가지세요
	listen to others	사람들 얘기를 들으세요

I have to	eat Japanese food	나 일본 음식을 먹어야 해
	give him a discount	그 남자한테 할인해 줘야 해
	go to the stadium	경기장에 가야 돼
	keep the change	잔돈을 가져야 해
	listen to others	사람들 얘기를 들어야 해

I want to	eat Japanese food	나 일본 음식 먹고 싶어
	give him a discount	그 남자한테 할인해 주고 싶어
	go to the stadium	경기장에 가고 싶어
	keep the change	잔돈 가지고 싶어
	listen to others	사람들 얘기를 듣고 싶어

I don't want to	eat Japanese food	난 일본 음식 먹고 싶지 않아
	give her a discount	그 여자한테 할인해 주고 싶지 않아
	go to the stadium	경기장에 가고 싶지 않아
	keep the change	잔돈 가지고 싶지 않아
	listen to others	사람들 얘기 듣고 싶지 않아

You don't have to	eat Japanese food	넌 일본 음식 먹지 않아도 돼
	give me a discount	나한테 할인해 주지 않아도 돼
	go to the stadium	경기장에 가지 않아도 돼
	keep the change	잔돈 가지지 않아도 돼
	listen to others	사람들 얘기 듣지 않아도 돼

다음 페이지에 계속됩니다.

Speak out

시작부와 **중심부**를 연결하여 문장을 만들어 보세요.

시작부	중심부 (2)
Please ~하세요	116 **make a payment** 납부하다
I have to ~해야 해	117 **stay up all night** 밤을 새우다
I want to ~하고 싶어	118 **study abroad** 외국에서 공부하다
I don't want to ~하고 싶지 않아	119 **take a guess** 추측하다
You don't have to 너 ~하지 않아도 돼	120 **wash one's feet** 발을 씻다

Please	**make a payment**	납부해 주세요
	stay up all night	밤을 새우세요
	study abroad	외국에서 공부하세요
	take a guess	추측해 보세요
	wash your feet	발을 씻으세요
I have to	make a payment	나 납부해야 돼
	stay up all night	밤을 새워야 해
	study abroad	외국에서 공부해야 해
	take a guess	추측해야 해
	wash my feet	발 씻어야 돼
I want to	make a payment	나 납부하고 싶어
	stay up all night	밤새우고 싶어
	study abroad	외국에서 공부하고 싶어
	take a guess	추측하고 싶어
	wash my feet	발 씻고 싶어
I don't want to	make a payment	난 납부하고 싶지 않아
	stay up all night	밤새우고 싶지 않아
	study abroad	외국에서 공부하고 싶지 않아
	take a guess	추측하고 싶지 않아
	wash my feet	발을 씻고 싶지 않아
You don't have to	make a payment	넌 납부하지 않아도 돼
	stay up all night	밤새우지 않아도 돼
	study abroad	외국에서 공부하지 않아도 돼
	take a guess	추측하지 않아도 돼
	wash your feet	발 씻지 않아도 돼

좀 더 길게 말해 보기

시작부 + **중심부** 뒤에 **꾸밈부**를 붙여서 좀 더 길게 말해 보세요.

시작부	중심부	꾸밈부

1	가능하다면 저에게 할인해 주세요.	if possible
2	난 이제 경기장에 가야 돼.	now
3	더 이상 다른 사람들 얘기 듣고 싶지 않아.	any more
4	계속 납부하고 싶지 않아.	over and over
5	넌 더 이상 밤새우지 않아도 돼.	any more
6	난 계속해서 외국에서 공부하고 싶어.	over and over
7	이제 추측해 보세요.	now
8	실은 나 발 씻고 싶어.	actually

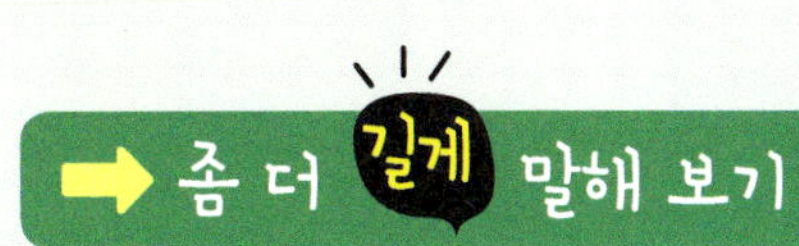

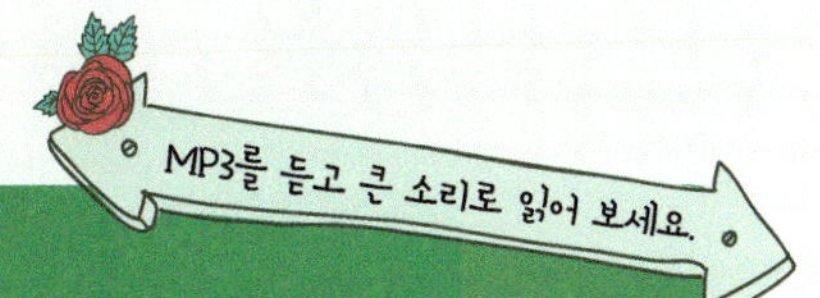

☐☐☐ Please give me a discount if possible.

☐☐☐ I have to go to the stadium now.

☐☐☐ I don't want to listen to others any more.

☐☐☐ I don't want to make a payment over and over.

☐☐☐ You don't have to stay up all night any more.

☐☐☐ I want to study abroad over and over.

☐☐☐ Please take a guess now.

☐☐☐ Actually, I want to wash my feet.

빈칸에 알맞은 말을 보기 중에서 골라 넣어 보세요.

stay up all night	give me a discount	
listen to others	study abroad	keep the change
take a guess	eat Japanese food	make a payment
wash your feet	go to the stadium	

1. 지금 당신 발을 씻으세요.
   Please ______ now.

2. 난 계속 밤을 새워야 돼.
   I have to ______ over and over.

3. 실은 나 일본 음식을 먹고 싶어.
   Actually, I want to ______ .

4. 가능하면 경기장에 가고 싶지 않아.
   I don't want to ______ if possible.

5. 더 이상 나한테 할인해 주지 않아도 돼.
   You don't have to ______ any more.

1. wash your feet 2. stay up all night 3. eat Japanese food 4. go to the stadium
5. give me a discount

복습 훈련 244쪽

650문장 마스터

do bungee jump

번지 점프를 하다

뉴질랜드 카와라우 다리에는 세계 최초로 만들어진 번지 점프대가 있답니다.
다리에 줄을 매달고 뛰는 걸 보면
얼마나 많은 사람들이 익스트림 스포츠를 좋아하는지 알 수 있죠.

Preview

50문장 미리보기

오늘 공부할 내용을 살펴보세요. **시작부+중심부** 또는 **시작부+중심부+꾸밈부**를 연결하면 여러 가지 문장을 만들 수 있습니다.

시작부	중심부
It's hard to ~하기 어려워	121 **ask for directions** 길을 물어보다
I'm here to ~하러 왔어	122 **catch fish** 물고기를 잡다
I'm trying to ~하려고 노력 중이야	123 **do bungee jump** 번지 점프를 하다
It's not easy to ~하는 건 쉽지 않아	124 **learn Japanese** 일본어를 배우다
I was just about to ~하려던 참이었어	125 **lose weight** 살을 빼다

집중 듣기 강의 듣기 스피킹 훈련

중심부	꾸밈부
126 **plant a tree** 나무를 심다	**now** 지금, 이제
127 **play games** 게임을 하다	**honestly** 솔직히
128 **read one's fortune** 운세를 보다	**with family** 가족들과
129 **ride a skateboard** 스케이트보드를 타다	**over and over** 반복해서, 계속해서
130 **take a cable car** 케이블카를 타다	**as I told you before** 전에 말했듯이

하루 50문장 말하기

시작부와 **중심부**를 연결하여 문장을 만들어 보세요.
하루에 중심부 10개만 공부하면 시작부 5개와 결합시켜 50문장을 말할 수 있습니다.

시작부	중심부 (1)
It's hard to ~하기 어려워	121 **ask for directions** 길을 물어보다
I'm here to ~하러 왔어	122 **catch fish** 물고기를 잡다
I'm trying to ~하려고 노력 중이야	123 **do bungee jump** 번지 점프를 하다
It's not easy to ~하는 건 쉽지 않아	124 **learn Japanese** 일본어를 배우다
I was just about to ~하려던 참이었어	125 **lose weight** 살을 빼다

It's hard to	**ask for directions**	길 물어보기 힘들어
	catch fish	물고기 잡기 힘들어
	do bungee jump	번지 점프 하기 어려워
	learn Japanese	일본어 배우기 어려워
	lose weight	살 빼기 힘들어
I'm here to	ask for directions	난 길을 물어보려고 왔어
	catch fish	물고기 잡으러 왔어
	do bungee jump	번지 점프 하러 왔어
	learn Japanese	일본어 배우러 왔어
	lose weight	살 빼러 왔어
I'm trying to	ask for directions	나 길을 물어보려고 노력 중이야
	catch fish	물고기를 잡으려고 노력 중이야
	do bungee jump	번지 점프를 하려고 노력 중이야
	learn Japanese	일본어를 배우려고 노력 중이야
	lose weight	살 빼려고 노력 중이야
It's not easy to	ask for directions	길을 물어보는 건 쉽지 않아
	catch fish	물고기를 잡는 건 쉽지 않아
	do bungee jump	번지 점프를 하는 건 쉽지 않아
	learn Japanese	일본어를 배우는 건 쉽지 않아
	lose weight	살 빼는 건 쉽지 않아
I was just about to	ask for directions	나 길을 물어보려던 참이었어
	catch fish	물고기를 잡으려던 참이었어
	do bungee jump	번지 점프를 하려던 참이었어
	learn Japanese	일본어를 배우려던 참이었어
	lose weight	살을 빼려던 참이었어

다음 페이지에 계속됩니다.

Speak out

시작부와 **중심부**를 연결하여 문장을 만들어 보세요.

시작부	중심부 (2)
It's hard to ~하기 어려워	126 plant a tree 나무를 심다
I'm here to ~하러 왔어	127 play games 게임을 하다
I'm trying to ~하려고 노력 중이야	128 read one's fortune 운세를 보다
It's not easy to ~하는 건 쉽지 않아	129 ride a skateboard 스케이트보드를 타다
I was just about to ~하려던 참이었어	130 take a cable car 케이블카를 타다

It's hard to	**plant a tree**	나무 심기 힘들어
	play games	게임하기 어려워
	read my fortune	운세 보기 어려워
	ride a skateboard	스케이트보드 타기 어려워
	take a cable car	케이블카 타기 힘들어
I'm here to	plant a tree	난 나무 심으러 왔어
	play games	게임하러 왔어
	read my fortune	내 운세 보러 왔어
	ride a skateboard	스케이트보드 타러 왔어
	take a cable car	케이블카 타러 왔어
I'm trying to	plant a tree	나 나무를 심으려고 노력 중이야
	play games	게임하려고 노력 중이야
	read my fortune	운세를 보려고 노력 중이야
	ride a skateboard	스케이트보드를 타려고 노력 중이야
	take a cable car	케이블카를 타려고 노력 중이야
It's not easy to	plant a tree	나무를 심는 건 쉽지 않아
	play games	게임하는 건 쉽지 않아
	read my fortune	운세를 보는 건 쉽지 않아
	ride a skateboard	스케이트보드를 타는 건 쉽지 않아
	take a cable car	케이블카를 타는 건 쉽지 않아
I was just about to	plant a tree	나 나무를 심으려던 참이었어
	play games	게임을 하려던 참이었어
	read my fortune	운세를 보려던 참이었어
	ride a skateboard	스케이트보드를 타려던 참이었어
	take a cable car	케이블카를 타려던 참이었어

Speak more

STEP 3 좀 더 길게 말해 보기

시작부 + **중심부** 뒤에 **꾸밈부**를 붙여서 좀 더 길게 말해 보세요.

시작부	중심부	꾸밈부

1	지금 길을 물어보려던 참이었어.	now
2	계속해서 물고기를 잡는 건 힘들어.	over and over
3	가족들과 번지 점프 하러 왔어.	with family
4	솔직히 일본어를 배우는 건 쉽지 않아.	honestly
5	전에 말했듯이 살 빼려고 노력 중이야.	as I told you before
6	가족들과 나무를 심으러 왔어.	with family
7	가족들과 내 운세를 보러 왔어.	with family
8	이제 케이블카를 타려던 참이었어.	now

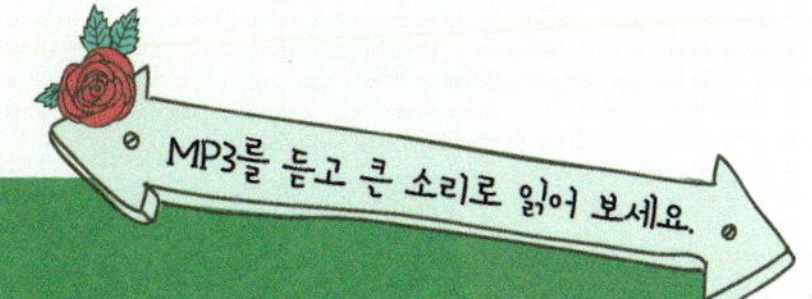

☐☐☐ I was just about to ask for directions now.

☐☐☐ It's hard to catch fish over and over.

☐☐☐ I'm here to do bungee jump with family.

☐☐☐ Honestly, It's not easy to learn Japanese.

☐☐☐ I'm trying to lose weight as I told you before.

☐☐☐ I'm here to plant a tree with family.

☐☐☐ I'm here to read my fortune with family.

☐☐☐ I was just about to take a cable car now.

빈칸에 알맞은 말을 보기 중에서 골라 넣어 보세요.

ride a skateboard | ask for directions | plant a tree | catch fish | learn Japanese | lose weight | take a cable car | play games | do bungee jump | read my fortune

1. 계속해서 길을 물어보는 건 힘들어.
It's hard to ______ over and over.

2. 가족들과 케이블카 타러 왔어.
I'm here to ______ with family.

3. 솔직히 살 빼려고 노력 중이야.
Honestly, I'm trying to ______.

4. 전에 말했듯이 물고기 잡는 건 쉽지 않아.
It's not easy to ______ as I told you before.

5. 지금 내 운세를 보려던 참이었어.
I was just about to ______ now.

1. ask for directions 2. take a cable car 3. lose weight 4. catch fish 5. read my fortune

복습 훈련 246쪽

700문장 마스터

order dessert

디저트를 주문하다

서양의 음식 문화는 우리나라와 달리
식사 후에 초콜릿이나 케이크 등의 단 음식을 디저트로 먹는답니다.
미국 사람들은 대화를 중요시하기에 2시간 이상 저녁 식사를 하죠.

50문장 미리보기

오늘 공부할 내용을 살펴보세요. **시작부+중심부** 또는 **시작부+중심부+꾸밈부**를 연결하면 여러 가지 문장을 만들 수 있습니다.

시작부	중심부
Can I ~? ~해도 돼?	131 **check the balance** 잔액을 확인하다
Can you ~? ~할 수 있어?	132 **eat salads** 샐러드를 먹다
Will you ~? ~할 거야?	133 **enjoy the view** 경치를 즐기다
Why don't you ~? ~하지 그래?, ~하는 게 어때?	134 **get some fresh air** 바람을 쐬다
Do you want to ~? ~하고 싶어?	135 **go on a picnic** 소풍을 가다

집중 듣기 강의 듣기 스피킹 훈련

중심부	꾸밈부
136 **hang up one's clothes** 옷을 걸다	**now** 지금, 이제
137 **order dessert** 디저트를 주문하다	**today** 오늘
138 **see the menu** 메뉴를 보다	**for a while** 잠깐, 한동안
139 **use the bathroom** 화장실을 사용하다	**before lunch** 점심 식사 전
140 **wait in line** 줄 서서 기다리다	**over and over** 반복해서, 계속해서

STEP 2-1 하루 50문장 말하기

시작부와 **중심부**를 연결하여 문장을 만들어 보세요.
하루에 중심부 10개만 공부하면 시작부 5개와 결합시켜 50문장을 말할 수 있습니다.

시작부	중심부 (1)
Can I ~? ~해도 돼?	131 **check the balance** 잔액을 확인하다
Can you ~? ~할 수 있어?	132 **eat salads** 샐러드를 먹다
Will you ~? ~할 거야?	133 **enjoy the view** 경치를 즐기다
Why don't you ~? ~하지 그래?, ~하는 게 어때?	134 **get some fresh air** 바람을 쐬다
Do you want to ~? ~하고 싶어?	135 **go on a picnic** 소풍을 가다

하루 50문장 말하기 (1)

Can I	**check the balance?**	나 잔액 확인해도 돼?
	eat salads?	샐러드 먹어도 돼?
	enjoy the view?	경치를 즐겨도 돼?
	get some fresh air?	바람 좀 쐐도 돼?
	go on a picnic?	소풍 가도 돼?
Can you	check the balance?	너 잔액 확인할 수 있어?
	eat salads?	샐러드 먹을 수 있어?
	enjoy the view?	경치를 즐길 수 있어?
	get some fresh air?	바람 좀 쐴 수 있어?
	go on a picnic?	소풍 갈 수 있어?
Will you	check the balance?	너 잔액 확인할 거야?
	eat salads?	샐러드 먹을 거야?
	enjoy the view?	경치 즐길 거야?
	get some fresh air?	바람 쐴 거야?
	go on a picnic?	소풍 갈 거야?
Why don't you	check the balance?	잔액을 확인하는 게 어때?
	eat salads?	샐러드 좀 먹지 그래?
	enjoy the view?	경치를 즐기는 게 어때?
	get some fresh air?	바람 좀 쐬지 그래?
	go on a picnic?	소풍을 가는 게 어때?
Do you want to	check the balance?	너 잔액 확인하고 싶어?
	eat salads?	샐러드 먹고 싶어?
	enjoy the view?	경치 즐기고 싶어?
	get some fresh air?	바람 쐬고 싶어?
	go on a picnic?	소풍 가고 싶어?

다음 페이지에 계속됩니다.

시작부와 중심부를 연결하여 문장을 만들어 보세요.

시작부	중심부 (2)
Can I ~? ~해도 돼?	136 **hang up one's clothes** 옷을 걸다
Can you ~? ~할 수 있어?	137 **order dessert** 디저트를 주문하다
Will you ~? ~할 거야?	138 **see the menu** 메뉴를 보다
Why don't you ~? ~하지 그래?, ~하는 게 어때?	139 **use the bathroom** 화장실을 사용하다
Do you want to ~? ~하고 싶어?	140 **wait in line** 줄 서서 기다리다

하루 50문장 말하기 (2)

□□□	**Can I**	**hang up my clothes?**	나 옷을 걸어도 돼?
□□□		order dessert?	디저트 주문해도 돼?
□□□		see the menu?	메뉴 좀 봐도 돼?
□□□		use the bathroom?	화장실 사용해도 돼?
□□□		wait in line?	줄 서서 기다려도 돼?
□□□	**Can you**	hang up your clothes?	너 옷을 걸 수 있어?
□□□		**order dessert?**	디저트 주문할 수 있어?
□□□		see the menu?	메뉴 볼 수 있어?
□□□		use the bathroom?	화장실 사용할 수 있어?
□□□		wait in line?	줄 서서 기다릴 수 있어?
□□□	**Will you**	hang up your clothes?	너 옷을 걸 거야?
□□□		order dessert?	디저트 주문할 거야?
□□□		**see the menu?**	메뉴 볼 거야?
□□□		use the bathroom?	화장실 사용할 거야?
□□□		wait in line?	줄 서서 기다릴 거야?
□□□	**Why don't you**	hang up your clothes?	옷을 걸지 그래?
□□□		order dessert?	디저트 주문하는 게 어때?
□□□		see the menu?	메뉴를 보는 게 어때?
□□□		**use the bathroom?**	화장실을 사용하지 그래?
□□□		wait in line?	줄 서서 기다리지 그래?
□□□	**Do you want to**	hang up your clothes?	너 옷 걸고 싶어?
□□□		order dessert?	디저트 주문하고 싶어?
□□□		see the menu?	메뉴 보고 싶어?
□□□		use the bathroom?	화장실 사용하고 싶어?
□□□		**wait in line?**	줄 서서 기다리고 싶어?

좀 더 길게 말해 보기

시작부 + **중심부** 뒤에 **꾸밈부**를 붙여서 좀 더 길게 말해 보세요.

시작부	중심부	꾸밈부
1 너 지금 잔액 확인할 수 있어?		now
2 오늘 샐러드 먹고 싶어?		today
3 나 잠깐 바람 좀 쐐도 돼?		for a while
4 오늘 소풍 갈 수 있어?		today
5 지금 네 옷을 걸지 그래?		now
6 잠깐 메뉴 좀 봐도 돼?		for a while
7 점심 먹기 전에 화장실 사용하는 게 어때?		before lunch
8 계속 줄 서서 기다릴 거야?		over and over

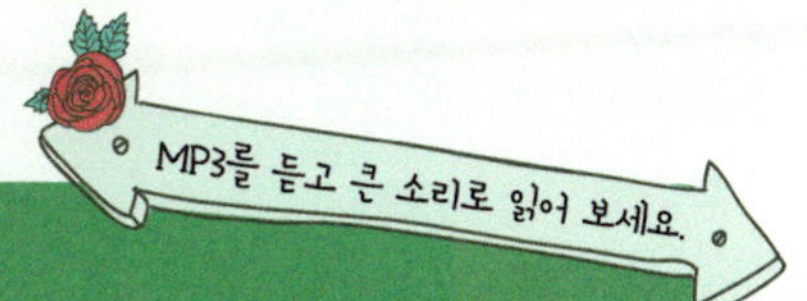

□□□ Can you check the balance now?

□□□ Do you want to eat salads today?

□□□ Can I get some fresh air for a while?

□□□ Can you go on a picnic today?

□□□ Why don't you hang up your clothes now?

□□□ Can I see the menu for a while?

□□□ Why don't you use the bathroom before lunch?

□□□ Will you wait in line over and over?

빈칸에 알맞은 말을 보기 중에서 골라 넣어 보세요.

hang up my clothes	get some fresh air	
enjoy the view	eat salads	order dessert
wait in line	go on a picnic	see the menu
check the balance	use the bathroom	

1. 점심 먹기 전에 디저트 주문해도 돼?

   Can I ( ) before lunch?

2. 잠깐 줄 서서 기다릴 수 있어?

   Can you ( ) for a while?

3. 오늘 소풍 갈 거야?

   Will you ( ) today?

4. 지금 바람 쐬는 게 어때?

   Why don't you ( ) now?

5. 계속 샐러드 먹고 싶어?

   Do you want to ( ) over and over?

1. order dessert 2. wait in line 3. go on a picnic 4. get some fresh air 5. eat salads

복습 훈련 248쪽

750문장 마스터

fly off the handle

버럭 화를 내다

작업 도중에 연장의 머리 부분이 휙~ 날아가 일을 할 수 없게 되자
짜증 나고 화가 나는 상태를 생각하면, 이 표현의 의미를 쉽게 이해할 수 있을 거예요.
자기 멋대로 해석하고 일방적으로 화를 낼 때 많이 쓰인답니다.

50문장 미리보기

오늘 공부할 내용을 살펴보세요. **시작부+중심부** 또는 **시작부+중심부+꾸밈부**를 연결하면 여러 가지 문장을 만들 수 있습니다.

시작부	중심부
Did you ~? ~했어?	141 **break the rule** 규칙을 어기다
I told you not to 내가 ~하지 말라고 했잖아	142 **cook up a story** 이야기를 지어내다
You promised not to ~하지 않겠다고 약속했잖아	143 **cut someone off** ~의 말을 자르다
I didn't ~하지 않았어	144 **fly off the handle** 버럭 화를 내다
I (과거형) ~했어	145 **go up the steps** 계단을 올라가다

집중 듣기

강의 듣기

스피킹 훈련

중심부	꾸밈부
146 **pay an extra charge** 추가 요금을 내다	**today** 오늘
147 **ride a bicycle** 자전거를 타다	**yesterday** 어제
148 **talk to strangers** 낯선 사람과 얘기하다	**this morning** 오늘 아침
149 **transfer money** 송금하다	**over and over** 반복해서, 계속해서
150 **waste time** 시간을 낭비하다	**a little while ago** 아까, 조금 전에

하루 50문장 말하기

시작부와 **중심부**를 연결하여 문장을 만들어 보세요.
하루에 중심부 10개만 공부하면 시작부 5개와 결합시켜 50문장을 말할 수 있습니다.

시작부	중심부 (1)
Did you ~? ~했어?	141 **break the rule** 규칙을 어기다
I told you not to 내가 ~하지 말라고 했잖아	142 **cook up a story** 이야기를 지어내다
You promised not to ~하지 않겠다고 약속했잖아	143 **cut someone off** ~의 말을 자르다
I didn't ~하지 않았어	144 **fly off the handle** 버럭 화를 내다
I (과거형) ~했어	145 **go up the steps** 계단을 올라가다

Did you	**break the rule?**	너 규칙 어겼어?
	cook up a story?	이야기 지어냈어?
	cut him off?	그 남자 말 잘랐어?
	fly off the handle?	버럭 화를 냈어?
	go up the steps?	계단 올라갔어?
I told you not to	break the rule	내가 규칙 어기지 말라고 했잖아
	cook up a story	이야기 지어내지 말라고 했잖아
	cut me off	내 말 자르지 말라고 했잖아
	fly off the handle	버럭 화내지 말라고 했잖아
	go up the steps	계단 올라가지 말라고 했잖아
You promised not to	break the rule	너 규칙 어기지 않기로 약속했잖아
	cook up a story	이야기 지어내지 않기로 약속했잖아
	cut me off	내 말 자르지 않겠다고 약속했잖아
	fly off the handle	버럭 화내지 않겠다고 약속했잖아
	go up the steps	계단 올라가지 않겠다고 약속했잖아
I didn't	break the rule	나 규칙 어기지 않았어
	cook up a story	이야기 지어내지 않았어
	cut you off	네 말 안 잘랐어
	fly off the handle	버럭 화 안 냈어
	go up the steps	계단 안 올라갔어
I (과거형)	broke the rule	나 규칙 어겼어
	cooked up a story	이야기 지어냈어
	cut her off	그 여자 말을 잘랐어
	flew off the handle	버럭 화를 냈어
	went up the steps	계단 올라갔어

다음 페이지에 계속됩니다.

Speak out

시작부와 **중심부**를 연결하여 문장을 만들어 보세요.

시작부	중심부 (2)
Did you ~? ~했어?	146 **pay an extra charge** 추가 요금을 내다
I told you not to 내가 ~하지 말라고 했잖아	147 **ride a bicycle** 자전거를 타다
You promised not to ~하지 않겠다고 약속했잖아	148 **talk to strangers** 낯선 사람과 얘기하다
I didn't ~하지 않았어	149 **transfer money** 송금하다
I (과거형) ~했어	150 **waste time** 시간을 낭비하다

하루 50문장 말하기 (2)

□□□	**Did you**	**pay an extra charge?**	너 추가 요금 냈어?
□□□		ride a bicycle?	자전거 탔어?
□□□		talk to strangers?	낯선 사람하고 얘기했어?
□□□		transfer money?	송금했어?
□□□		waste time?	시간 낭비 했어?
□□□	**I told you not to**	pay an extra charge	내가 추가 요금 내지 말라고 했잖아
□□□		**ride a bicycle**	자전거 타지 말라고 했잖아
□□□		talk to strangers	낯선 사람과 얘기하지 말라고 했잖아
□□□		transfer money	송금하지 말라고 했잖아
□□□		waste time	시간 낭비 하지 말라고 했잖아
□□□	**You promised not to**	pay an extra charge	너 추가 요금 내지 않겠다고 약속했잖아
□□□		ride a bicycle	자전거 타지 않기로 약속했잖아
□□□		**talk to strangers**	낯선 사람과 얘기 안 하기로 약속했잖아
□□□		transfer money	송금하지 않기로 약속했잖아
□□□		waste time	시간 낭비 하지 않겠다고 약속했잖아
□□□	**I didn't**	pay an extra charge	나 추가 요금 안 냈어
□□□		ride a bicycle	자전거 안 탔어
□□□		talk to strangers	낯선 사람하고 얘기 안 했어
□□□		**transfer money**	송금 안 했어
□□□		waste time	시간 낭비 안 했어
□□□	**I** (과거형)	paid an extra charge	나 추가 요금 냈어
□□□		rode a bicycle	자전거 탔어
□□□		talked to strangers	낯선 사람하고 얘기했어
□□□		transferred money	송금했어
□□□		**wasted time**	시간 낭비 했어

좀 더 길게 말해 보기

시작부 + **중심부** 뒤에 **꾸밈부**를 붙여서 좀 더 길게 말해 보세요.

시작부 + 중심부	꾸밈부
1 난 계속해서 규칙을 어겼어.	over and over
2 나 아까 이야기 지어냈었어.	a little while ago
3 어제 버럭 화내지 않겠다고 약속했잖아.	yesterday
4 내가 오늘 아침에 계단 올라가지 말라고 했잖아.	this morning
5 오늘 아침에 추가 요금 안 냈어.	this morning
6 나 오늘 자전거 안 탔어.	today
7 내가 어제 낯선 사람하고 얘기하지 말라고 했잖아.	yesterday
8 어제 송금했어?	yesterday

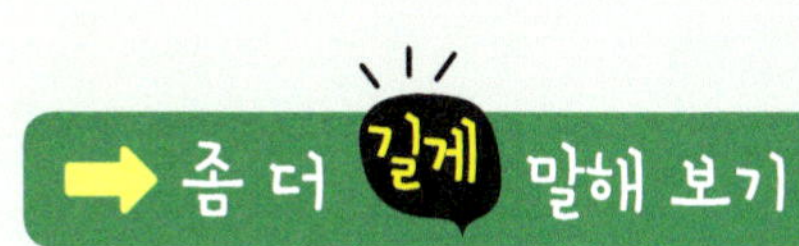

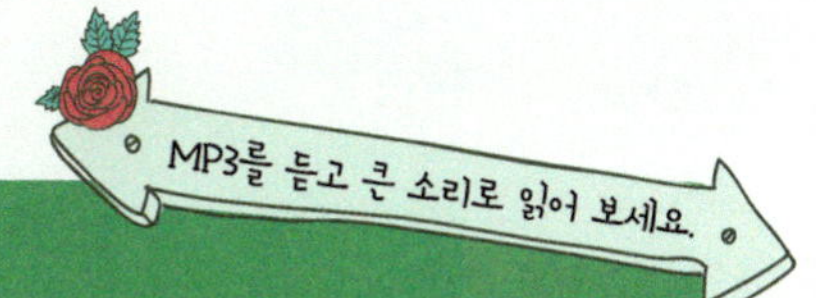

☐☐☐ I broke the rule over and over.

☐☐☐ I cooked up a story a little while ago.

☐☐☐ You promised not to fly off the handle yesterday.

☐☐☐ I told you not to go up the steps this morning.

☐☐☐ I didn't pay an extra charge this morning.

☐☐☐ I didn't ride a bicycle today.

☐☐☐ I told you not to talk to strangers yesterday.

☐☐☐ Did you transfer money yesterday?

빈칸에 알맞은 말을 보기 중에서 골라 넣어 보세요.

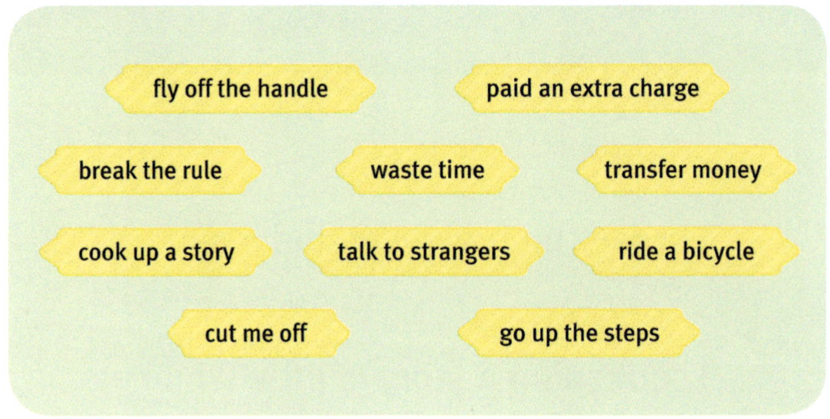

1. 오늘 아침에 자전거 탔어?

Did you ________ this morning?

2. 내가 아까 규칙 어기지 말라고 했잖아.

I told you not to ________ a little while ago.

3. 어제 내 말 자르지 않겠다고 약속했잖아.

You promised not to ________ yesterday.

4. 오늘 낯선 사람하고 얘기 안 했어.

I didn't ________ today.

5. 계속 추가 요금을 냈어.

I ________ over and over.

1. ride a bicycle 2. break the rule 3. cut me off 4. talk to strangers 5. paid an extra charge

복습 훈련 250쪽

800문장 마스터

shoot the breeze

수다를 떨다

breeze는 '산들바람'인데,
shoot the breeze라고 하면 '수다를 떨다', '잡다한 이야기를 하다'라는 뜻이 돼요.
친구들끼리 가벼운 이야기를 주고받을 때 사용해 보세요.

50문장 미리보기

오늘 공부할 내용을 살펴보세요. **시작부+중심부** 또는 **시작부+중심부+꾸밈부**를 연결하면 여러 가지 문장을 만들 수 있습니다.

시작부	중심부
I can ~할 수 있어	151 **ask someone else** 다른 사람한테 물어보다
I will ~할 거야	152 **carry one's bag** 가방을 들다
I won't ~하지 않을 거야	153 **go on a vacation** 휴가를 가다
Let's ~하자	154 **hit the road** 길을 떠나다
Don't ~하지 마	155 **pay the fare** 차비를 내다

집중 듣기

강의 듣기

스피킹 훈련

중심부	꾸밈부
156 **ride on a boat** 보트에 타다	**now** 지금, 이제
157 **shoot the breeze** 수다를 떨다	**today** 오늘
158 **stay within the law** 법을 지키다	**if you want** 네가 원한다면
159 **use gestures** 제스처를 쓰다	**with friends** 친구들과
160 **visit tourist attractions** 관광 명소를 방문하다	**from now on** 이제부터, 지금부터

하루 50문장 말하기

시작부와 **중심부**를 연결하여 문장을 만들어 보세요.
하루에 중심부 10개만 공부하면 시작부 5개와 결합시켜 50문장을 말할 수 있습니다.

시작부	중심부 (1)
I can ~할 수 있어	151 **ask someone else** 다른 사람한테 물어보다
I will ~할 거야	152 **carry one's bag** 가방을 들다
I won't ~하지 않을 거야	153 **go on a vacation** 휴가를 가다
Let's ~하자	154 **hit the road** 길을 떠나다
Don't ~하지 마	155 **pay the fare** 차비를 내다

하루 50 문장 말하기 (1)

I can	**ask someone else**	난 다른 사람한테 물어볼 수 있어
	carry your bag	네 가방을 들 수 있어
	go on a vacation	휴가 갈 수 있어
	hit the road	길을 떠날 수 있어
	pay the fare	차비 낼 수 있어
I will	ask someone else	난 다른 사람한테 물어볼 거야
	carry your bag	네 가방을 들 거야
	go on a vacation	휴가를 갈 거야
	hit the road	길을 떠날 거야
	pay the fare	차비를 낼 거야
I won't	ask someone else	난 다른 사람한테 물어보지 않을 거야
	carry your bag	네 가방 안 들 거야
	go on a vacation	휴가 안 갈 거야
	hit the road	길을 떠나지 않을 거야
	pay the fare	차비 안 낼 거야
Let's	ask someone else	우리 다른 사람에게 물어보자
	carry our bags	가방을 들자
	go on a vacation	휴가 가자
	hit the road	길을 떠나자
	pay the fare	차비 내자
Don't	ask someone else	다른 사람에게 물어보지 마
	carry my bag	내 가방 들지 마
	go on a vacation	휴가 가지 마
	hit the road	길을 떠나지 마
	pay the fare	차비 내지 마

다음 페이지에 계속됩니다.

Speak out

시작부와 **중심부**를 연결하여 문장을 만들어 보세요.

시작부	중심부 (2)
I can ~할 수 있어	156 **ride on a boat** 보트에 타다
I will ~할 거야	157 **shoot the breeze** 수다를 떨다
I won't ~하지 않을 거야	158 **stay within the law** 법을 지키다
Let's ~하자	159 **use gestures** 제스처를 쓰다
Don't ~하지 마	160 **visit tourist attractions** 관광 명소를 방문하다

하루 50문장 말하기 (2)

□□□	**I can**	**ride on a boat**	난 보트 탈 수 있어
□□□		shoot the breeze	수다 떨 수 있어
□□□		stay within the law	법을 지킬 수 있어
□□□		use gestures	제스처를 할 수 있어
□□□		visit tourist attractions	관광 명소에 갈 수 있어
□□□	**I will**	ride on a boat	난 보트 탈 거야
□□□		**shoot the breeze**	수다 떨 거야
□□□		stay within the law	법을 지킬 거야
□□□		use gestures	제스처를 할 거야
□□□		visit tourist attractions	관광 명소에 갈 거야
□□□	**I won't**	ride on a boat	난 보트 안 탈 거야
□□□		shoot the breeze	수다 안 떨 거야
□□□		**stay within the law**	법을 안 지킬 거야
□□□		use gestures	제스처 안 할 거야
□□□		visit tourist attractions	관광 명소에 안 갈 거야
□□□	**Let's**	ride on a boat	우리 보트 타자
□□□		shoot the breeze	수다 떨자
□□□		stay within the law	법을 지키자
□□□		**use gestures**	제스처를 쓰자
□□□		visit tourist attractions	관광 명소에 가자
□□□	**Don't**	ride on a boat	보트 타지 마
□□□		shoot the breeze	수다 떨지 마
□□□		stay within the law	법을 지키지 마
□□□		use gestures	제스처를 쓰지 마
□□□		**visit tourist attractions**	관광 명소에 가지 마

좀 더 길게 말해 보기

시작부 + **중심부** 뒤에 **꾸밈부**를 붙여서 좀 더 길게 말해 보세요.

시작부	중심부	꾸밈부

1 네가 원한다면 다른 사람한테 물어볼 수 있어. — if you want

2 네가 원한다면 내가 네 가방을 들게. — if you want

3 네가 원한다면 나 휴가 안 갈 거야. — if you want

4 이제 길을 떠나자. — now

5 오늘은 차비 내지 마. — today

6 오늘 보트 탈 수 있어. — today

7 이제부터 법을 지킬 거야. — from now on

8 친구들과 관광 명소에 갈 거야. — with friends

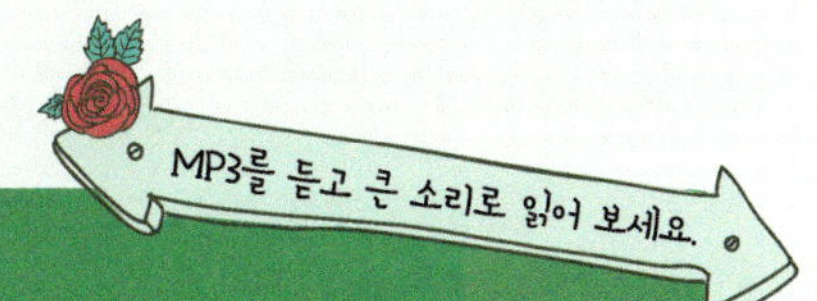

□□□ I can ask someone else if you want.

□□□ I will carry your bag if you want.

□□□ I won't go on a vacation if you want.

□□□ Let's hit the road now.

□□□ Don't pay the fare today.

□□□ I can ride on a boat today.

□□□ I will stay within the law from now on.

□□□ I will visit tourist attractions with friends.

빈칸에 알맞은 말을 보기 중에서 골라 넣어 보세요.

stay within the law	visit tourist attractions	
hit the road	use gestures	pay the fare
ride on a boat	shoot the breeze	carry my bag
go on a vacation	ask someone else	

1. 친구들과 휴가 갈 수 있어.

   I can ______ with friends.

2. 네가 원한다면 법을 지킬게.

   I will ______ if you want.

3. 오늘은 다른 사람한테 물어보지 않을 거야.

   I won't ______ today.

4. 이제부터 관광명소 가자.

   Let's ______ from now on.

5. 지금 차비 내지 마.

   Don't ______ now.

1. go on a vacation 2. stay within the law 3. ask someone else 4. visit tourist attractions
5. pay the fare

복습 훈련 252쪽

850문장 마스터

go sightseeing

관광하다

관광객들이 주로 방문하는 관광 명소를 sight라고 합니다.
see(보다)라는 동사에 -ing를 결합하면 seeing(구경)이 되죠.

Preview

50문장 미리보기

오늘 공부할 내용을 살펴보세요. **시작부+중심부** 또는 **시작부+중심부+꾸밈부**를 연결하면 여러 가지 문장을 만들 수 있습니다.

시작부	중심부
Please ~하세요	161 **enjoy one's life** 인생을 즐기다
I have to ~해야 해	162 **get the message** 메시지를 받다
I want to ~하고 싶어	163 **go sightseeing** 관광하다
I don't want to ~하고 싶지 않아	164 **make someone happy** ~를 행복하게 만들다
You don't have to 너 ~하지 않아도 돼	165 **pay a usage fee** 사용료를 지불하다

집중 듣기	강의 듣기	스피킹 훈련

중심부	꾸밈부
166 **roll up one's pants** 바지를 걷어올리다	**now** 지금, 이제
167 **stay with someone** ~와 함께 있다	**today** 오늘
168 **visit the website** 웹사이트를 방문하다	**actually** 사실, 실은
169 **walk along the street** 길을 걷다	**any more** 더 이상
170 **write a letter** 편지를 쓰다	**if possible** 가능하다면

하루 50문장 말하기

시작부와 **중심부**를 연결하여 문장을 만들어 보세요.
하루에 중심부 10개만 공부하면 시작부 5개와 결합시켜 50문장을 말할 수 있습니다.

시작부	중심부 (1)
Please ~하세요	161 **enjoy one's life** 인생을 즐기다
I have to ~해야 해	162 **get the message** 메시지를 받다
I want to ~하고 싶어	163 **go sightseeing** 관광하다
I don't want to ~하고 싶지 않아	164 **make someone happy** ~를 행복하게 만들다
You don't have to 너 ~하지 않아도 돼	165 **pay a usage fee** 사용료를 지불하다

Please	**enjoy your life**	당신 인생을 즐기세요
	get the message	메시지를 받으세요
	go sightseeing	관광하세요
	make me happy	날 행복하게 해 주세요
	pay a usage fee	사용료를 지불하세요
I have to	enjoy my life	나 인생을 즐겨야 해
	get the message	메시지를 받아야 해
	go sightseeing	관광해야 해
	make you happy	널 행복하게 해 줘야 해
	pay a usage fee	사용료를 내야 해
I want to	enjoy my life	나 인생을 즐기고 싶어
	get the message	메시지 받고 싶어
	go sightseeing	관광하고 싶어
	make you happy	널 행복하게 해 주고 싶어
	pay a usage fee	사용료를 내고 싶어
I don't want to	enjoy my life	난 인생을 즐기고 싶지 않아
	get the message	메시지를 받고 싶지 않아
	go sightseeing	관광하고 싶지 않아
	make you happy	널 행복하게 해 주고 싶지 않아
	pay a usage fee	사용료를 내고 싶지 않아
You don't have to	enjoy your life	넌 인생을 즐기지 않아도 돼
	get the message	메시지를 받지 않아도 돼
	go sightseeing	관광하지 않아도 돼
	make me happy	날 행복하게 해 주지 않아도 돼
	pay a usage fee	사용료를 내지 않아도 돼

다음 페이지에 계속됩니다.

Speak out

시작부와 중심부를 연결하여 문장을 만들어 보세요.

시작부	중심부 (2)
Please ~하세요	166 **roll up one's pants** 바지를 걷어올리다
I have to ~해야 해	167 **stay with someone** ~와 함께 있다
I want to ~하고 싶어	168 **visit the website** 웹사이트를 방문하다
I don't want to ~하고 싶지 않아	169 **walk along the street** 길을 걷다
You don't have to 너 ~하지 않아도 돼	170 **write a letter** 편지를 쓰다

Please	**roll up your pants**	당신 바지를 걷어올리세요
	stay with me	나와 함께 있어요
	visit the website	웹사이트를 방문하세요
	walk along the street	길을 걸으세요
	write a letter	편지를 쓰세요
I have to	roll up my pants	나 바지를 걷어올려야 해
	stay with you	너랑 같이 있어야 해
	visit the website	웹사이트를 방문해야 해
	walk along the street	길을 걸어야 해
	write a letter	편지를 써야 해
I want to	roll up my pants	나 바지 걷어올리고 싶어
	stay with you	너랑 같이 있고 싶어
	visit the website	웹사이트를 방문하고 싶어
	walk along the street	길을 걷고 싶어
	write a letter	편지를 쓰고 싶어
I don't want to	roll up my pants	난 바지를 걷어올리고 싶지 않아
	stay with you	너랑 같이 있고 싶지 않아
	visit the website	웹사이트를 방문하고 싶지 않아
	walk along the street	길을 걷고 싶지 않아
	write a letter	편지를 쓰고 싶지 않아
You don't have to	roll up your pants	넌 바지를 걷어올리지 않아도 돼
	stay with me	나랑 같이 있지 않아도 돼
	visit the website	웹사이트를 방문하지 않아도 돼
	walk along the street	길을 걷지 않아도 돼
	write a letter	편지를 쓰지 않아도 돼

좀 더 길게 말해 보기

시작부 + **중심부** 뒤에 **꾸밈부**를 붙여서 좀 더 길게 말해 보세요.

시작부	중심부	꾸밈부
1 가능하다면 당신 인생을 즐기세요.		if possible
2 더 이상 메시지를 받고 싶지 않아.		any more
3 오늘은 관광하고 싶어.		today
4 사실 널 행복하게 만들어 주고 싶어.		actually
5 나 지금 사용료 내야 해.		now
6 지금 내 바지를 걷어올리고 싶지 않아.		now
7 지금 저와 함께 있어 주세요.		now
8 더 이상 웹사이트를 방문하지 않아도 돼.		any more

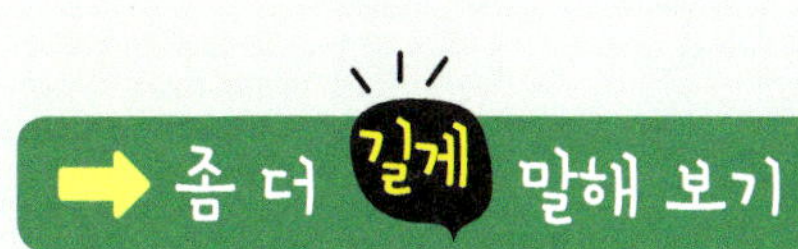

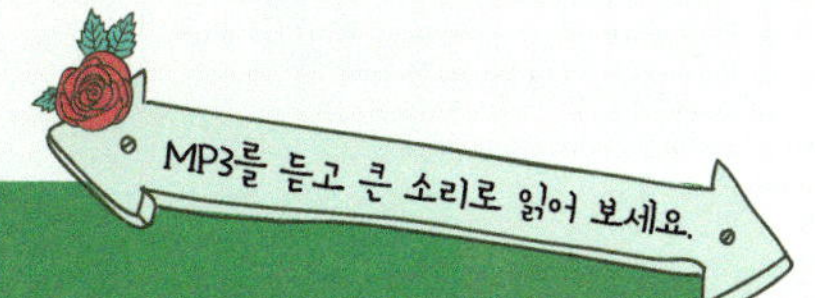

- ☐☐☐ Please enjoy your life if possible.
- ☐☐☐ I don't want to get the message any more.
- ☐☐☐ I want to go sightseeing today.
- ☐☐☐ Actually, I want to make you happy.
- ☐☐☐ I have to pay a usage fee now.
- ☐☐☐ I don't want to roll up my pants now.
- ☐☐☐ Please stay with me now.
- ☐☐☐ You don't have to visit the website any more.

빈칸에 알맞은 말을 보기 중에서 골라 넣어 보세요.

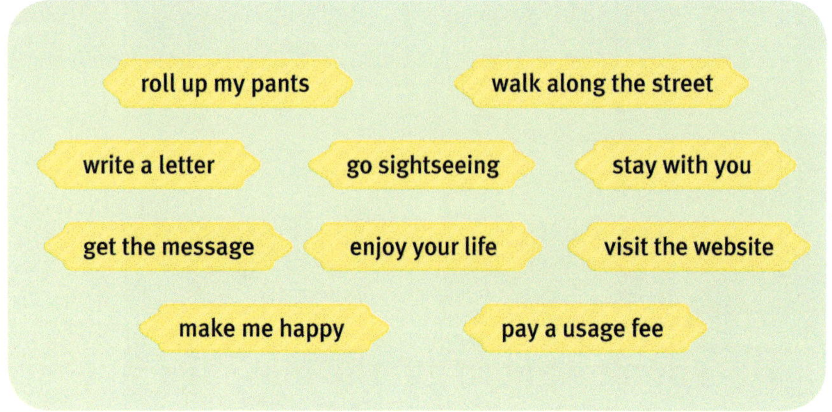

1. 지금 웹사이트를 방문하세요.

Please ________ now.

2. 오늘 너랑 같이 있고 싶어.

I want to ________ today.

3. 사실 사용료 내고 싶지 않아.

Actaully, I don't want to ________.

4. 가능하다면 길을 걷고 싶지 않아.

I don't want to ________ if possible.

5. 더 이상 관광하지 않아도 돼.

You don't have to ________ any more.

1. visit the website 2. stay with you 3. pay a usage fee 4. walk along the street 5. go sightseeing

복습 훈련 254쪽

900문장 마스터

bum a ride

(차를) 얻어 타다

bum은 '거저 얻다', '조르다'의 의미가 있어요.
배낭여행 중에 하이웨이에서 엄지손가락을 치켜세우며 지나가는 차를 잡을 때
이 표현을 쓸 수 있겠죠.

50문장 미리보기

오늘 공부할 내용을 살펴보세요. **시작부+중심부** 또는 **시작부+중심부+꾸밈부**를 연결하면 여러 가지 문장을 만들 수 있습니다.

시작부	중심부
It's hard to ~하기 어려워	171 **bum a ride** (차를) 얻어 타다
I'm here to ~하러 왔어	172 **catch insects** 곤충을 잡다
I'm trying to ~하려고 노력 중이야	173 **change the meeting place** 만날 장소를 바꾸다
It's not easy to ~하는 건 쉽지 않아	174 **check the map** 지도를 확인하다
I was just about to ~하려던 참이었어	175 **dive into the ocean** 바다로 다이빙하다

집중 듣기

강의 듣기

스피킹 훈련

중심부	꾸밈부
176 **feed wild animals** 야생동물에게 먹이를 주다	**now** 지금, 이제
177 **find the lost purse** 잃어버린 지갑을 찾다	**actually** 사실, 실은
178 **pack up one's things** 짐을 꾸리다	**in winter** 겨울에
179 **put gas in the car** 차에 기름을 넣다	**every day** 매일
180 **sleep in the car** 차에서 자다	**over and over** 반복해서, 계속해서

하루 50문장 말하기

시작부와 **중심부**를 연결하여 문장을 만들어 보세요.
하루에 중심부 10개만 공부하면 시작부 5개와 결합시켜 50문장을 말할 수 있습니다.

시작부	중심부 (1)
It's hard to ~하기 어려워	171 **bum a ride** (차를) 얻어 타다
I'm here to ~하러 왔어	172 **catch insects** 곤충을 잡다
I'm trying to ~하려고 노력 중이야	173 **change the meeting place** 만날 장소를 바꾸다
It's not easy to ~하는 건 쉽지 않아	174 **check the map** 지도를 확인하다
I was just about to ~하려던 참이었어	175 **dive into the ocean** 바다로 다이빙하다

□□□	**It's hard to**	**bum a ride**	차 얻어 타기 힘들어
□□□		catch insects	곤충을 잡기 어려워
□□□		change the meeting place	만날 장소를 바꾸기 어려워
□□□		check the map	지도를 확인하기 어려워
□□□		dive into the ocean	바다에 다이빙하는 건 어려워
□□□	**I'm here to**	bum a ride	난 차 얻어 타러 왔어
□□□		**catch insects**	곤충 잡으러 왔어
□□□		change the meeting place	만날 장소를 바꾸러 왔어
□□□		check the map	지도를 확인하러 왔어
□□□		dive into the ocean	바다에 다이빙하러 왔어
□□□	**I'm trying to**	bum a ride	난 차를 얻어 타려고 노력 중이야
□□□		catch insects	곤충을 잡으려고 노력 중이야
□□□		**change the meeting place**	만날 장소를 바꾸려고 노력 중이야
□□□		check the map	지도를 확인하려고 노력 중이야
□□□		dive into the ocean	바다로 다이빙하려고 노력 중이야
□□□	**It's not easy to**	bum a ride	차를 얻어 타는 건 쉽지 않아
□□□		catch insects	곤충을 잡는 건 쉽지 않아
□□□		change the meeting place	만날 장소를 바꾸는 건 쉽지 않아
□□□		**check the map**	지도를 확인하는 건 쉽지 않아
□□□		dive into the ocean	바다에 다이빙하는 건 쉽지 않아
□□□	**I was just about to**	bum a ride	나 차를 얻어 타려던 참이었어
□□□		catch insects	곤충을 잡으려던 참이었어
□□□		change the meeting place	만날 장소를 바꾸려던 참이었어
□□□		check the map	지도를 확인하려던 참이었어
□□□		**dive into the ocean**	바다에 다이빙하려던 참이었어

다음 페이지에 계속됩니다.

Speak out

시작부와 **중심부**를 연결하여 문장을 만들어 보세요.

시작부	중심부 (2)
It's hard to ~하기 어려워	176 feed wild animals 야생동물에게 먹이를 주다
I'm here to ~하러 왔어	177 find the lost purse 잃어버린 지갑을 찾다
I'm trying to ~하려고 노력 중이야	178 pack up one's things 짐을 꾸리다
It's not easy to ~하는 건 쉽지 않아	179 put gas in the car 차에 기름을 넣다
I was just about to ~하려던 참이었어	180 sleep in the car 차에서 자다

□□□	It's hard to	**feed wild animals**	야생동물에게 먹이를 주는 건 어려워
□□□		find the lost purse	잃어버린 지갑을 찾는 건 어려워
□□□		pack up my things	내 짐을 꾸리기 어려워
□□□		put gas in the car	차에 기름을 넣기 어려워
□□□		sleep in the car	차에서 자기 힘들어
□□□	I'm here to	feed wild animals	야생동물에게 먹이를 주러 왔어
□□□		**find the lost purse**	잃어버린 지갑을 찾으러 왔어
□□□		pack up my things	내 짐을 꾸리러 왔어
□□□		put gas in the car	차에 기름을 넣으러 왔어
□□□		sleep in the car	차에서 자려고 왔어
□□□	I'm trying to	feed wild animals	야생동물에게 먹이를 주려고 노력 중이야
□□□		find the lost purse	잃어버린 지갑을 찾으려고 노력 중이야
□□□		**pack up my things**	내 짐을 꾸리려고 노력 중이야
□□□		put gas in the car	차에 기름을 넣으려고 노력 중이야
□□□		sleep in the car	차에서 자려고 노력 중이야
□□□	It's not easy to	feed wild animals	야생동물에게 먹이를 주는 건 쉽지 않아
□□□		find the lost purse	잃어버린 지갑을 찾는 건 쉽지 않아
□□□		pack up my things	내 짐을 꾸리는 건 쉽지 않아
□□□		**put gas in the car**	차에 기름 넣는 건 쉽지 않아
□□□		sleep in the car	차에서 자는 건 쉽지 않아
□□□	I was just about to	feed wild animals	나 야생동물에게 먹이를 주려던 참이었어
□□□		find the lost purse	잃어버린 지갑을 찾으려던 참이었어
□□□		pack up my things	내 짐을 꾸리려던 참이었어
□□□		put gas in the car	차에 기름을 넣으려던 참이었어
□□□		**sleep in the car**	차에서 자려던 참이었어

STEP 3 좀 더 길게 말해 보기

시작부 + **중심부** 뒤에 **꾸밈부**를 붙여서 좀 더 길게 말해 보세요.

시작부	중심부	꾸밈부

1 계속해서 차를 얻어 타긴 힘들어. — over and over

2 실은 만날 장소를 바꾸려던 참이었어. — actually

3 겨울에 바다로 다이빙하는 건 쉽지 않아. — in winter

4 겨울에 야생동물에게 먹이를 주는 건 어려워. — in winter

5 실은 잃어버린 지갑을 찾으려고 노력 중이야. — actually

6 실은 내 짐을 꾸리러 왔어. — actually

7 지금 차에 기름을 넣으려던 참이었어. — now

8 매일 차에서 자는 건 힘들어. — every day

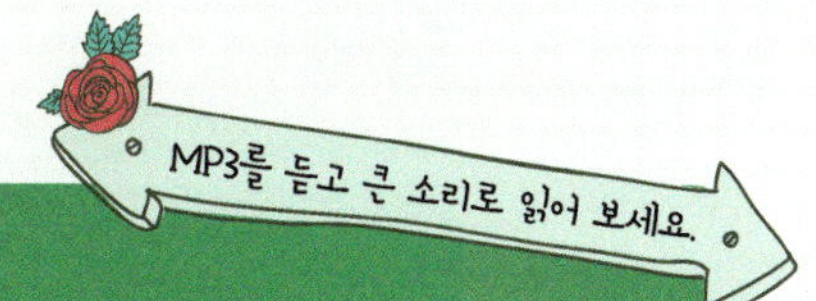

□□□ It's hard to bum a ride over and over.

□□□ Actually, I was just about to change the meeting place.

□□□ It's not easy to dive into the ocean in winter.

□□□ It's hard to feed wild animals in winter.

□□□ Actually, I'm trying to find the lost purse.

□□□ Actually, I'm here to pack up my things.

□□□ I was just about to put gas in the car now.

□□□ It's hard to sleep in the car every day.

빈칸에 알맞은 말을 보기 중에서 골라 넣어 보세요.

pack up my things | change the meeting place | catch insects | bum a ride | check the map | feed wild animals | dive into the ocean | sleep in the car | put gas in the car | find the lost purse

1. 겨울에 차에 기름 넣는 건 힘들어.
It's hard to ______ in winter.

2. 실은 곤충 잡으러 왔어.
Actually, I'm here to ______.

3. 난 계속해서 차를 얻어 타려고 노력 중이야.
I'm trying to ______ over and over.

4. 매일 내 짐을 꾸리는 건 쉽지 않아.
It's not easy to ______ every day.

5. 지금 지도를 확인하려던 참이었어.
I was just about to ______ now.

1. put gas in the car 2. catch insects 3. bum a ride 4. pack up my things 5. check the map

복습 훈련 256쪽

950문장 마스터

eat with one's hands

손으로 먹다

어떤 경우에 이 표현을 쓸 수 있을까요?
인도 음식은 대개 손으로 비벼서 먹습니다.
생각해 보면 미국에서도 피자를 먹을 땐 손으로 먹고요.

Preview

50문장 미리보기

오늘 공부할 내용을 살펴보세요. **시작부+중심부** 또는 **시작부+중심부+꾸밈부**를 연결하면 여러 가지 문장을 만들 수 있습니다.

시작부	중심부
Can I ~? ~해도 돼?	181 **bring one's personal belongings** 개인 소지품을 가져가다
Can you ~? ~할 수 있어?	182 **buy tropical fruits** 열대 과일을 사다
Will you ~? ~할 거야?	183 **check the price tag** 가격표를 확인하다
Why don't you ~? ~하지 그래?, ~하는 게 어때?	184 **eat with one's hands** 손으로 먹다
Do you want to ~? ~하고 싶어?	185 **leave some food** 음식을 남기다

집중 듣기

강의 듣기

스피킹 훈련

중심부	꾸밈부
186 **say goodbye** 작별 인사를 하다	**now** 지금, 이제
187 **take medicine** 약을 먹다	**tonight** 오늘 밤
188 **talk to the clerk** 점원에게 얘기하다	**tomorrow** 내일
189 **touch alcohol** 술을 입에 대다	**for a while** 잠깐, 한동안
190 **walk along the beach** 해변을 걷다	**after dinner** 저녁 식사 후

Speak out

하루 50문장 말하기

시작부와 **중심부**를 연결하여 문장을 만들어 보세요.
하루에 중심부 10개만 공부하면 시작부 5개와 결합시켜 50문장을 말할 수 있습니다.

시작부	중심부 (1)
Can I ~? ~해도 돼?	181 **bring one's personal belongings** 개인 소지품을 가져가다
Can you ~? ~할 수 있어?	182 **buy tropical fruits** 열대 과일을 사다
Will you ~? ~할 거야?	183 **check the price tag** 가격표를 확인하다
Why don't you ~? ~하지 그래?, ~하는 게 어때?	184 **eat with one's hands** 손으로 먹다
Do you want to ~? ~하고 싶어?	185 **leave some food** 음식을 남기다

Can I	**bring my personal belongings?**	나 개인 소지품 가져가도 돼?
	buy tropical fruits?	열대 과일 사도 돼?
	check the price tag?	가격표 확인해도 돼?
	eat with my hands?	내 손으로 먹어도 돼?
	leave some food?	음식 남겨도 돼?
Can you	bring your personal belongings?	너 개인 소지품을 가져갈 수 있어?
	buy tropical fruits?	열대 과일을 살 수 있어?
	check the price tag?	가격표를 확인할 수 있어?
	eat with your hands?	네 손으로 먹을 수 있어?
	leave some food?	음식 남길 수 있어?
Will you	bring your personal belongings?	너 개인 소지품을 가져갈 거야?
	buy tropical fruits?	열대 과일을 살 거야?
	check the price tag ?	가격표를 확인할 거야?
	eat with your hands?	네 손으로 먹을 거야?
	leave some food?	음식 남길 거야?
Why don't you	bring your personal belongings?	개인 소지품을 가져가지 그래?
	buy tropical fruits?	열대 과일을 사는 게 어때?
	check the price tag?	가격표를 확인하지 그래?
	eat with your hands?	네 손으로 먹지 그래?
	leave some food?	음식을 남기지 그래?
Do you want to	bring your personal belongings?	너 개인 소지품을 가져가고 싶어?
	buy tropical fruits?	열대 과일을 사고 싶어?
	check the price tag?	가격표를 확인하고 싶어?
	eat with your hands?	손으로 먹고 싶어?
	leave some food?	음식을 남기고 싶어?

다음 페이지에 계속됩니다.

시작부와 중심부를 연결하여 문장을 만들어 보세요.

시작부	중심부 (2)
Can I ~? ~해도 돼?	186 **say goodbye** 작별 인사를 하다
Can you ~? ~할 수 있어?	187 **take medicine** 약을 먹다
Will you ~? ~할 거야?	188 **talk to the clerk** 점원에게 얘기하다
Why don't you ~? ~하지 그래?, ~하는 게 어때?	189 **touch alcohol** 술을 입에 대다
Do you want to ~? ~하고 싶어?	190 **walk along the beach** 해변을 걷다

□□□	**Can I**	**say goodbye?**	나 작별 인사 해도 돼?
□□□		take medicine?	약 먹어도 돼?
□□□		talk to the clerk?	점원한테 얘기해도 돼?
□□□		touch alcohol?	술을 입에 대도 돼?
□□□		walk along the beach?	해변을 걸어도 돼?
□□□	**Can you**	say goodbye?	너 작별 인사 할 수 있어?
□□□		**take medicine?**	약 먹을 수 있어?
□□□		talk to the clerk?	점원한테 얘기할 수 있어?
□□□		touch alcohol?	술을 입에 댈 수 있어?
□□□		walk along the beach?	해변을 걸을 수 있어?
□□□	**Will you**	say goodbye?	너 작별 인사 할 거야?
□□□		take medicine?	약 먹을 거야?
□□□		**talk to the clerk?**	점원한테 얘기할 거야?
□□□		touch alcohol?	술을 입에 댈 거야?
□□□		walk along the beach?	해변을 걸을 거야?
□□□	**Why don't you**	say goodbye?	작별 인사를 하는 게 어때?
□□□		take medicine?	약 좀 먹지 그래?
□□□		talk to the clerk?	점원한테 얘기하는 게 어때?
□□□		**touch alcohol?**	술을 입에 대는 게 어때?
□□□		walk along the beach?	해변을 걷는 게 어때?
□□□	**Do you want to**	say goodbye?	너 작별 인사를 하고 싶어?
□□□		take medicine?	약 먹고 싶어?
□□□		talk to the clerk?	점원한테 얘기하고 싶어?
□□□		touch alcohol?	술을 입에 대고 싶어?
□□□		**walk along the beach?**	해변을 걷고 싶어?

좀 더 길게 말해 보기

시작부 + **중심부** 뒤에 **꾸밈부**를 붙여서 좀 더 길게 말해 보세요.

시작부 + 중심부	꾸밈부
1 너 내일 열대 과일 살 거야?	tomorrow
2 지금 가격표를 확인하지 그래?	now
3 이제 네 손으로 먹을 수 있어?	now
4 이제 음식 남기고 싶어?	now
5 내일 작별 인사를 하는 게 어때?	tomorrow
6 저녁 먹고 약 먹을 거야?	after dinner
7 잠깐 점원하고 얘기해도 돼?	for a while
8 오늘 밤 해변을 걷는 게 어때?	tonight

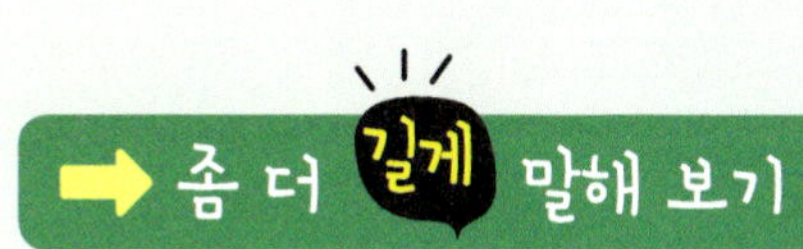

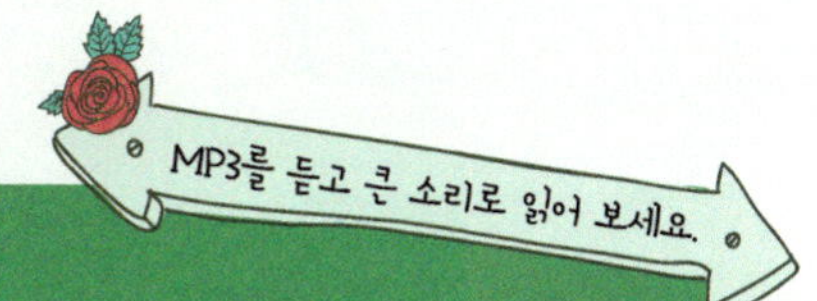

□□□ Will you buy tropical fruits tomorrow?

□□□ Why don't you check the price tag now?

□□□ Can you eat with your hands now?

□□□ Do you want to leave some food now?

□□□ Why don't you say goodbye tomorrow?

□□□ Will you take medicine after dinner?

□□□ Can I talk to the clerk for a while?

□□□ Why don't you walk along the beach tonight?

빈칸에 알맞은 말을 보기 중에서 골라 넣어 보세요.

walk along the beach | bring my personal belongings | leave some food | touch alcohol | take medicine | talk to the clerk | check the price tag | say goodbye | eat with my hands | buy tropical fruits

1. 잠깐 술을 입에 대도 돼?
   Can I ________ for a while?

2. 저녁 먹고 점원한테 얘기할 수 있어?
   Can you ________ after dinner?

3. 내일 열대 과일 살 거야?
   Will you ________ tomorrow?

4. 지금 약 먹는 게 어때?
   Why don't you ________ now?

5. 오늘 밤에 해변 걷고 싶어?
   Do you want to ________ tonight?

1. touch alcohol 2. talk to the clerk 3. buy tropical fruits 4. take medicine
5. walk along the beach

복습 훈련 258쪽

1000문장 마스터

saw logs

코를 골다

코 고는 소리가 마치 통나무를 톱질하는 소리처럼 크다는 것을 비유해서
20세기 초부터 미국 남부에서 많이 사용된 말이랍니다.

Preview

STEP 1 50문장 미리보기

오늘 공부할 내용을 살펴보세요. **시작부+중심부** 또는 **시작부+중심부+꾸밈부**를 연결하면 여러 가지 문장을 만들 수 있습니다.

시작부	중심부
Did you ~? ~했어?	191 **buy accessories** 액세서리를 사다
I told you not to 내가 ~하지 말라고 했잖아	192 **drink in one shot** 한 번에 마시다
You promised not to ~하지 않겠다고 약속했잖아	193 **eat leftover food** 남은 음식을 먹다
I didn't ~하지 않았어	194 **get sick** 아프다
I (과거형) ~했어	195 **make the bed** 이불을 개다, 잠자리를 정돈하다

집중 듣기

강의 듣기

스피킹 훈련

중심부	꾸밈부
196 **saw logs** 코를 골다	**yesterday** 어제
197 **scratch one's body** 몸을 긁다	**last night** 어젯밤
198 **sleep on the couch** 소파에서 자다	**at that time** 그때, 그 당시
199 **take off the shoes** 신발을 벗다	**this morning** 오늘 아침
200 **wake someone up** ~를 깨우다	**over and over** 반복해서, 계속해서

하루 50문장 말하기

시작부와 **중심부**를 연결하여 문장을 만들어 보세요.
하루에 중심부 10개만 공부하면 시작부 5개와 결합시켜 50문장을 말할 수 있습니다.

시작부	중심부 (1)
Did you ~? ~했어?	191 **buy accessories** 액세서리를 사다
I told you not to 내가 ~하지 말라고 했잖아	192 **drink in one shot** 한 번에 마시다
You promised not to ~하지 않겠다고 약속했잖아	193 **eat leftover food** 남은 음식을 먹다
I didn't ~하지 않았어	194 **get sick** 아프다
I (과거형) ~했어	195 **make the bed** 이불을 개다, 잠자리를 정돈하다

하루 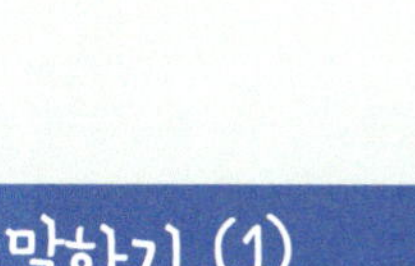 문장 말하기 (1)

Did you	**buy accessories?**	너 액세서리 샀어?
	drink in one shot?	한 번에 마셨어?
	eat leftover food?	남은 음식을 먹었어?
	get sick?	아팠어?
	make the bed?	이불 갰어?
I told you not to	buy accessories	내가 액세서리 사지 말라고 했잖아
	drink in one shot	한 번에 마시지 말라고 했잖아
	eat leftover food	남은 음식을 먹지 말라고 했잖아
	get sick	아프지 말라고 했잖아
	make the bed	이불 개지 말라고 했잖아
You promised not to	buy accessories	너 액세서리 사지 않겠다고 약속했잖아
	drink in one shot	한 번에 마시지 않겠다고 약속했잖아
	eat leftover food	남은 음식을 먹지 않겠다고 약속했잖아
	get sick	아프지 않겠다고 약속했잖아
	make the bed	이불 개지 않겠다고 약속했잖아
I didn't	buy accessories	나 액세서리 안 샀어
	drink in one shot	한 번에 안 마셨어
	eat leftover food	남은 음식 안 먹었어
	get sick	안 아팠어
	make the bed	이불 안 갰어
I (과거형)	bought accessories	나 액세서리 샀어
	drank in one shot	한 번에 마셨어
	ate leftover food	남은 음식을 먹었어
	got sick	아팠어
	made the bed	이불을 갰어

다음 페이지에 계속됩니다.

Speak out

시작부와 **중심부**를 연결하여 문장을 만들어 보세요.

시작부	중심부 (2)
Did you ~? ~했어?	196 **saw logs** 코를 골다
I told you not to 내가 ~하지 말라고 했잖아	197 **scratch one's body** 몸을 긁다
You promised not to ~하지 않겠다고 약속했잖아	198 **sleep on the couch** 소파에서 자다
I didn't ~하지 않았어	199 **take off the shoes** 신발을 벗다
I (과거형) ~했어	200 **wake someone up** ~를 깨우다

Did you	**saw logs?**	너 코 골았어?
	scratch your body?	네 몸을 긁었어?
	sleep on the couch?	소파에서 잤어?
	take off the shoes?	신발 벗었어?
	wake him up?	그 남자 깨웠어?
I told you not to	saw logs	내가 코 골지 말라고 했잖아
	scratch your body	네 몸을 긁지 말라고 했잖아
	sleep on the couch	소파에서 자지 말라고 했잖아
	take off the shoes	신발 벗지 말라고 했잖아
	wake me up	나 깨우지 말라고 했잖아
You promised not to	saw logs	너 코 골지 않겠다고 약속했잖아
	scratch your body	네 몸을 긁지 않겠다고 약속했잖아
	sleep on the couch	소파에서 자지 않겠다고 약속했잖아
	take off the shoes	신발 벗지 않겠다고 약속했잖아
	wake me up	날 깨우지 않겠다고 약속했잖아
I didn't	saw logs	나 코 안 골았어
	scratch my body	내 몸 안 긁었어
	sleep on the couch	소파에서 안 잤어
	take off the shoes	신발 안 벗었어
	wake you up	너 안 깨웠어
I (과거형)	sawed logs	나 코 골았어
	scratched my body	내 몸을 긁었어
	slept on the couch	소파에서 잤어
	took off the shoes	신발 벗었어
	woke him up	그 남자를 깨웠어

좀 더 길게 말해 보기

시작부 + **중심부** 뒤에 **꾸밈부**를 붙여서 좀 더 길게 말해 보세요.

시작부	중심부	꾸밈부

1	어젯밤에 한 번에 마시지 않겠다고 약속했잖아.	last night
2	오늘 아침에 남은 음식 먹었어?	this morning
3	나 어제 아팠어.	yesterday
4	오늘 아침에 이불 갰어?	this morning
5	나 어젯밤에 코 안 골았어.	last night
6	내가 계속 네 몸을 긁지 말라고 했잖아.	over and over
7	나 그때 신발 벗었어.	at that time
8	오늘 아침에 그 남자 깨웠어.	this morning

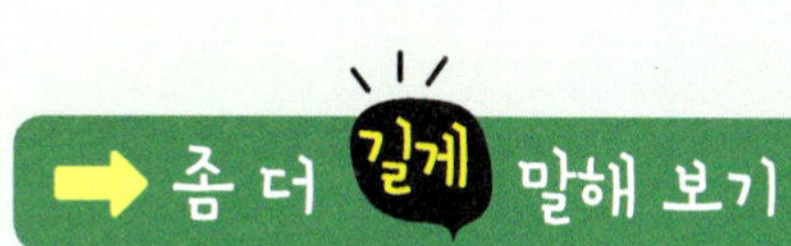

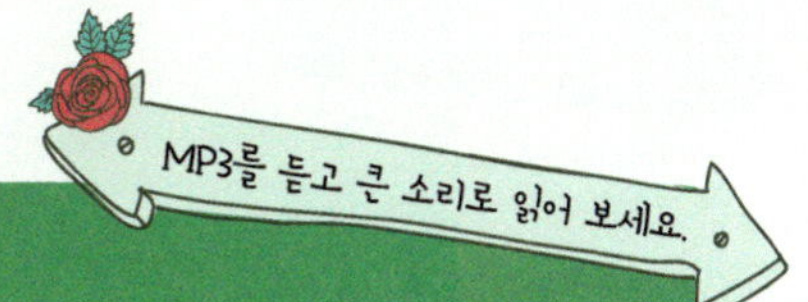

□□□ You promised not to drink in one shot last night.

□□□ Did you eat leftover food this morning?

□□□ I got sick yesterday.

□□□ Did you make the bed this morning?

□□□ I didn't saw logs last night.

□□□ I told you not to scratch your body over and over.

□□□ I took off the shoes at that time.

□□□ I woke him up this morning.

빈칸에 알맞은 말을 보기 중에서 골라 넣어 보세요.

1. 어제 남은 음식 먹었어?

   Did you ( ) yesterday?

2. 계속 한 번에 마시지 말라고 했잖아.

   I told you not to ( ) over and over.

3. 어젯밤에 코 골지 않겠다고 약속했잖아.

   You promised not to ( ) last night.

4. 오늘 아침엔 내가 너 안 깨웠어.

   I didn't ( ) this morning.

5. 그때 소파에서 잤어.

   I ( ) at that time.

1. eat leftover food 2. drink in one shot 3. saw logs 4. wake you up 5. slept on the couch

복습 훈련 260쪽

복습 훈련 사용 설명서

1. 청크 활용 방법 추가

청크의 문장 응용 능력을 더 높여 접근해 보겠습니다.

① **중심**	take a picture
② **시작+중심**	I don't want to take a picture.
③ **시작+중심+꾸밈**	I don't want to take a picture any more.
④ **시작+중심+꾸밈+꾸밈**	I don't want to take a picture with family any more.
⑤ **시작+시작+중심+꾸밈**	Please don't take a picture any more.
⑥ **꾸밈+시작+중심**	Honestly, I don't want to take a picture.
⑦ **꾸밈+시작+중심+꾸밈**	Honestly, I don't want to take a picture any more.

2. 다양한 사람들 추가

문장에서의 주체, 즉 말하는 사람들이 추가되었습니다.

He 그는 / She 그녀는 / We 우리는 / They 그들은

예 그는 해외 갈 거야. He will go abroad.
우린 길을 잃었어. We got lost.
그들은 계획을 세웠어. They made a plan.

3. 조심하세요!

3인칭 단수(She, He) 동사 뒤에는 -s를 붙여 주세요.

예 그녀는 스시 먹어. She eats sushi.
그는 해외에 살아. He lives abroad.

3인칭 단수(She, He) 부정에는 don't 대신 doesn't를 쓰세요.

예 그녀는 사케 안 마셔. She doesn't drink Sake.
그는 영수증 확인 안 해. He doesn't check the receipt.

PART 2

문장 마스터 복습 훈련

다음 우리말을 영어로 말해 보세요.

Korean	English
1. 비행기 표 예약했어?	
2. 우선 비행기 표 예약하자.	Hint First of all,
3. 요즘 비행기 표 예약하기 쉽지 않아.	Hint these days
4. 선물 사지 마!	
5. 내가 내일 선물 살게.	
6. 여기서 선물 사고 싶지 않아.	
7. 날짜 확인 안 했어.	
8. 날짜를 확인하려던 참이었어.	Hint I was just about to ~
9. 햄버거 먹어도 돼?	Hint Can I ~?
10. 햄버거 먹고 싶어.	
11. 해외에 가고 싶어?	
12. 가능하다면 해외에 가고 싶어.	Hint if possible
13. 그 남자 해외에 갈 거야.	
14. 계획을 세우자.	Hint Let's ~
15. 계획을 세우려던 참이었어.	

16. 우린 계획 세웠어.

17. 사실 나 영어로 말할 수 있어. Hint Actually,

18. 나 영어로 말하고 싶어.

19. 넌 영어로 말하지 않아도 돼.

20. 걔네들 돈 안 썼어.

21. 너 돈 쓰지 않겠다고 약속했잖아. Hint You promised not to ~

22. 그녀는 계속해서 돈을 썼어. Hint over and over

23. 비행기 타러 왔어. Hint I'm here to ~

24. 그는 내일 비행기 안 탈 거야.

25. 잠깐 인터넷 써도 돼?

26. 공항에서 인터넷 쓰는 거 쉽지 않아. Hint at the airport

1. Did you book a flight? 2. First of all, let's book a flight. 3. It's not easy to book a flight these days. 4. Don't buy a present! 5. I will buy a present tomorrow. 6. I don't want to buy a present here. 7. I didn't check the day. 8. I was just about to check the day. 9. Can I eat burgers? 10. I want to eat burgers. 11. Do you want to go abroad? 12. I want to go abroad if possible. 13. He will go abroad. 14. Let's make a plan. 15. I was just about to make a plan. 16. We made a plan. 17. Actually, I can speak English. 18. I want to speak English. 19. You don't have to speak English. 20. They didn't spend money. 21. You promised not to spend money. 22. She spent money over and over. 23. I'm here to take an airplane. 24. He won't take an airplane tomorrow. 25. Can I use the Internet for a while? 26. It's not easy to use the Internet at the airport.

다음 우리말을 영어로 말해 보세요.

Korean	English
1. 나 명품 가방 안 샀어.	
2. 그녀는 공항에서 명품 가방을 샀어.	
3. 명품 가방 사지 마.	
4. 영수증은 확인했어?	
5. 그는 매일 영수증을 확인해.	
6. 영수증 확인하세요.	
7. 여행을 즐기세요.	
8. 난 요즘 여행을 즐겨.	
9. 환전해도 돼?	
10. 환전하려던 참이었어.	
11. 이 양식을 작성해 주세요.	
12. 난 이 양식을 작성 안 했어.	
13. 이 양식 작성했어?	
14. 우리 자리 찾자.	
15. 내 자리 찾는 거 어려워.	

16. 난 네 자리 찾을 수 있어.

17. 더 이상 거울 보지 마.

18. 그녀는 계속 거울을 봐.

19. 어제 그녀에게 선물을 보냈어.

20. 그 남자에게 선물 보내는 게 어때?

21. 난 그 남자에게 선물 안 보낼 거야.

22. 당신 신분증을 보여 주세요.

23. 당신 신분증을 보여 줄 수 있어요?

24. 가족들과 여행 가고 싶어?

25. 솔직히 친구들과 여행 가고 싶어.

26. 겨울에 여행하지 마.

1. I didn't buy a brand-name bag. 2. She bought a brand-name bag at the airport. 3. Don't buy a brand-name bag. 4. Did you check the receipt? 5. He checks the receipt every day. 6. Please check the receipt. 7. Please enjoy traveling. 8. I enjoy traveling these days. 9. Can I exchange money? 10. I was just about to exchange money. 11. Please fill out this form. 12. I didn't fill out this form. 13. Did you fill out this form? 14. Let's find our seats. 15. It's hard to find my seat. 16. I can find your seat. 17. Don't look in the mirror any more. 18. She looks in the mirror over and over. 19. I sent her a present yesterday. 20. Why don't you send him a present? 21. I won't send him a present. 22. Please show your ID card. 23. Can you show your ID card? 24. Do you want to take a trip with family? 25. Honestly, I want to take a trip with friends. 26. Don't take a trip in winter.

다음 우리말을 영어로 말해 보세요.

Korean	English
1. 난 몸을 만들어야 돼.	
2. 몸 만드는 건 쉽지 않아.	
3. 우린 일정을 변경했어.	
4. 네 일정을 변경하지 그래?	
5. 돈을 입금하려던 참이었어.	
6. 지금 돈 입금하지 마.	
7. 우린 어제 특별한 음식을 먹었어.	
8. 특별한 음식을 먹고 싶어.	
9. 그들은 매일 특별한 음식을 먹어.	
10. 점심 먹기 전에 환불 받을 수 있어?	
11. 오늘 환불 받을 거야.	
12. 내일 환불 받을 거야?	
13. 내일 아침에 배낭여행 가자.	
14. 배낭여행 가지 않겠다고 약속했잖아.	
15. 배낭여행 가지 마.	

16. 지금 차 빌리려고 노력 중이야.

17. 저녁 먹고 차 빌릴 거야?

18. 우린 차 안 빌렸어.

19. 난 인생 경험을 쌓았어.

20. 실은 인생 경험을 쌓고 싶어.

21. 사진 찍자.

22. 여기서 사진 찍는 게 어때?

23. 솔직히 더 이상 사진 찍고 싶지 않아.

24. 원어민과 이야기하고 싶어?

25. 난 원어민과 이야기하고 싶지 않아.

26. 그 남자는 원어민과 이야기할 수 있어.

1. I have to build up my body. 2. It's not easy to build up my body. 3. We changed our schedule. 4. Why don't you change your schedule? 5. I was just about to deposit money. 6. Don't deposit money now. 7. We ate special food yesterday. 8. I want to eat special food. 9. They eat special food every day. 10. Can you get a refund before lunch? 11. I will get a refund today. 12. Will you get a refund tomorrow? 13. Let's go backpacking tomorrow morning. 14. You promised not to go backpacking. 15. Don't go backpacking. 16. I'm trying to rent a car now. 17. Will you rent a car after dinner? 18. We didn't rent a car. 19. I saw the elephant. 20. Actually, I want to see the elephant. 21. Let's take a picture. 22. Why don't you take a picture here? 23. Honestly, I don't want to take a picture any more. 24. Do you want to talk with native speakers? 25. I don't want to talk with native speakers. 26. He can talk with native speakers.

다음 우리말을 영어로 말해 보세요.

Korean	English
1. 오늘은 친구 데려오지 마.	
2. 네 친구를 데려오지 그래?	
3. 난 어젯밤에 친구를 데려왔어.	
4. 나 지금 식료품 사야 해.	
5. 오늘 식료품 사자.	
6. 우린 날씨 확인했어.	
7. 날씨 확인 안 했어.	
8. 솔직히 매일 날씨 확인하는 거 힘들어.	
9. 그는 매일 사케를 마셔.	
10. 저녁 먹고 사케 마셔도 돼?	
11. 사케 마시지 마.	
12. 나 스시 먹고 싶어.	
13. 그녀는 매일 스시를 먹어.	
14. 난 어제 가족들과 스시를 먹었어.	
15. 우리 비용을 나눠서 내자.	

16. 넌 비용 나눠서 내지 않아도 돼.

17. 해외에서 살고 싶어.

18. 그는 해외에서 살아.

19. 그녀는 한동안 해외에서 살았어.

20. 현금으로 낼게.

21. 현금으로 내지 않아도 돼.

22. 현금으로 내 주세요.

23. 비행기에서 자도 돼?

24. 난 비행기에서 잘 거야.

25. 주문 기다리자.

26. 여기서 주문 기다릴 수 있어?

1. Don't bring your friend today. **2.** Why don't you bring your friend? **3.** I brought a friend last night. **4.** I have to buy groceries now. **5.** Let's buy groceries today. **6.** We checked the weather. **7.** I didn't check the weather. **8.** Honestly, It's hard to check the weather every day. **9.** He drinks Sake every day. **10.** Can I drink Sake after dinner? **11.** Don't drink Sake. **12.** I want to eat sushi. **13.** She eats sushi every day. **14.** I ate sushi with family yesterday. **15.** Let's go Dutch. **16.** You don't have to go Dutch. **17.** I want to live abroad. **18.** He lives abroad. **19.** She lived abroad for a while. **20.** I will pay in cash. **21.** You don't have to pay in cash. **22.** Please pay in cash. **23.** Can I sleep on the plane? **24.** I will sleep on the plane. **25.** Let's wait for orders. **26.** Can you wait for orders here?

다음 우리말을 영어로 말해 보세요.

Korean	English
1. 넌 내 마음을 아프게 했어.	
2. 네 마음 아프게 하지 않을 거야.	
3. 돈 가져왔어?	
4. 전에 말했듯이 돈 가져오지 마.	
5. 오늘 돈 가져올 거야?	
6. 내가 비타민 사지 말라고 했잖아.	
7. 어제 걔네들 공항에서 비타민 샀어.	
8. 나 비타민 안 샀어.	
9. 난 겨울에 감기에 걸려.	
10. 나 어제 감기에 걸렸어.	
11. 네 마음 바꾸지 마.	
12. 너 마음 바꾸지 않겠다고 약속했잖아.	
13. 난 이제부터 마음 바꾸지 않을 거야.	
14. 저녁 먹고 옷 개.	
15. 우린 옷 개지 않았어.	

16. 우린 길을 잃었어.

17. 내가 길 잃어버리지 말라고 했잖아.

18. 너 길 잃어버렸어?

19. 바가지 쓰지 마.

20. 난 바가지 안 쓸 거야.

21. 그 남자 어젯밤에 바닥에서 잤어.

22. 바닥에서 자지 그래?

23. 너 오늘 밤은 바닥에서 자지 않아도 돼.

24. 옷을 세탁할 수 있어?

25. 나 지금 옷 세탁해야 돼.

26. 그는 매일 옷 세탁 안 해.

1. You broke my heart. 2. I won't break your heart. 3. Did you bring money? 4. Don't bring money as I told you before. 5. Will you bring money today? 6. I told you not to buy vitamins. 7. Yesterday, they bought vitamins at the airport. 8. I didn't buy vitamins. 9. I catch a cold in winter. 10. I caught a cold yesterday. 11. Don't change your mind. 12. You promised not to change your mind. 13. I won't change my mind from now on. 14. Fold clothes after dinner. 15. We didn't fold clothes. 16. We got lost. 17. I told you not to get lost. 18. Did you get lost? 19. Don't pay through the nose. 20. I won't pay through the nose. 21. He slept on the floor last night. 22. Why don't you sleep on the floor? 23. You don't have to sleep on the floor tonight. 24. Can you wash the clothes? 25. I have to wash the clothes now. 26. He doesn't wash the clothes every day.

다음 우리말을 영어로 말해 보세요.

Korean	English
1. 약 바르세요.	
2. 약 발랐어?	
3. 약 바르자.	
4. 잠깐 자전거 빌릴 수 있어?	
5. 자전거 빌리지 그래?	
6. 그녀는 옷을 샀어.	
7. 우린 옷을 살 거야.	
8. 웨이터 불렀어?	
9. 네가 원한다면 웨이터 부를게.	
10. 더 이상 웨이터 부르지 마.	
11. 그 여자 옷 갈아입었어.	
12. 난 옷 안 갈아입었어.	
13. 나 옷 갈아입으려던 참이었어.	
14. 길거리 음식을 먹자.	
15. 그 남자 길거리 음식을 먹어.	

16. 오늘은 길거리 음식을 먹고 싶어.

17. 점심 먹고 해변에 가자.

18. 우린 그때 해변에 안 갔어.

19. 친구들과 해변에 가는 거 힘들어.

20. 난 봉사료 냈어.

21. 넌 봉사료 내지 않아도 돼.

22. 우리 수영장에서 수영하자.

23. 수영장에서 수영하고 싶어.

24. 나 지금 목욕할 거야.

25. 잠깐 목욕해도 돼?

26. 나 어젯밤에 목욕 안 했어.

1. Please apply medicine. 2. Did you apply medicine? 3. Let's apply medicine. 4. Can I borrow a bike for a while? 5. Why don't you borrow a bike? 6. She bought some clothes. 7. We will buy some clothes. 8. Did you call the waiter? 9. I will call the waiter if you want. 10. Don't call the waiter any more. 11. She changed her clothes. 12. I didn't change my clothes. 13. I was just about to change my clothes. 14. Let's eat street food. 15. He eats street food. 16. I want to eat street food today. 17. Let's go to the beach after lunch. 18. We didn't go to the beach at that time. 19. It's hard to go to the beach with friends. 20. I paid service charges. 21. You don't have to pay service charges. 22. Let's swim in the pool. 23. I want to swim in the pool. 24. I will take a bath now. 25. Can I take a bath for a while? 26. I didn't take a bath last night.

다음 우리말을 영어로 말해 보세요.

Korean	English
1. 지금 길을 건너자.	
2. 길 건너려고 노력 중이야.	
3. 어제 사진 현상했어?	
4. 내일 사진 현상할 거야?	
5. 일단 사진을 현상하자.	
6. 사실 지금 얼음물 마시고 싶어.	
7. 겨울에 얼음물 마시지 마.	
8. 그녀는 매일 얼음물을 마셔.	
9. 간식 먹고 싶어.	
10. 우린 간식 안 먹었어.	
11. 간식 먹으러 왔어.	
12. 내가 널 도와줄게.	
13. 나 솔직히 그 남자 도와주고 싶지 않아.	
14. 그 여자를 도와주는 게 어때?	
15. 입장료 내세요.	

16. 걔네들은 입장료를 내지 않았어.

17. 오늘 밤은 호텔에 묵을 거야.

18. 그녀는 한동안 호텔에 있었어.

19. 기차 타고 싶어?

20. 계속 기차 타는 건 힘들어.

21. 내일 기차 타자.

22. 난 그때 박물관에 가지 않았어.

23. 걔네들은 박물관에 가지 않을 거야.

24. 돈 인출하지 마.

25. 돈 인출할 수 있어?

26. 돈을 인출하러 왔어.

1. Let's cross the street now. 2. I'm trying to cross the street. 3. Did you develop pictures yesterday? 4. Will you develop pictures tomorrow? 5. First of all, let's develop pictures. 6. Actually, I want to drink ice water now. 7. Don't drink ice water in winter. 8. She drinks ice water every day. 9. I want to eat snacks. 10. We didn't eat snacks. 11. I'm here to eat snacks. 12. I will give you a hand. 13. Honestly, I don't want to give him a hand. 14. Why don't you give her a hand? 15. Please pay admission fees. 16. They didn't pay admission fees. 17. I will stay in a hotel tonight. 18. She stayed in a hotel for a while. 19. Do you want to take a train? 20. It's hard to take a train over and over. 21. Let's take a train tomorrow. 22. I didn't visit the museum at that time. 23. They won't visit the museum. 24. Don't withdraw money. 25. Can you withdraw money? 26. I'm here to withdraw money.

다음 우리말을 영어로 말해 보세요.

Korean	English
1. 난 지역 특산품 안 샀어.	
2. 지역 특산품 사러 왔어.	
3. 지역 특산품 살 거야?	
4. 짐은 확인했어?	
5. 지금 짐을 확인하려고 노력 중이야.	
6. 하나만 선택해!	
7. 난 하나만 선택할 수 있어.	
8. 경비를 절약하는 건 쉽지 않아.	
9. 경비를 절약하고 싶지 않아.	
10. 그 남자는 매일 절벽에서 다이빙해.	
11. 난 절벽에서 다이빙할 수 있어.	
12. 네가 원한다면 길을 찾을 거야.	
13. 너 길 찾았어?	
14. 길을 찾으려고 노력 중이야.	
15. 내가 너한테 선택권을 줄게.	

16. 너 나한테 선택권을 주지 않아도 돼.

17. 제게 선택권을 주세요.

18. 걔네들은 비밀 안 지켜.

19. 비밀을 지킬 수 있어?

20. 비밀을 지켜 주세요.

21. 너 예약하고 싶어?

22. 예약하고 싶어.

23. 예약하는 건 쉽지 않아.

24. 난 내일 아침에 해돋이 볼 거야.

25. 해돋이 봤어?

26. 나 어제 친구들이랑 해돋이 봤어.

1. I didn't buy local goods. 2. I'm here to buy local goods. 3. Will you buy local goods? 4. Did you check the baggage? 5. I'm trying to check the baggage now. 6. Choose only one! 7. I can choose only one. 8. It's not easy to cut corners. 9. I don't want to cut corners. 10. He dives off the cliff every day. 11. I can dive off the cliff. 12. I will find the way if you want. 13. Did you find the way? 14. I'm trying to find the way. 15. I will give you a choice. 16. You don't have to give me a choice. 17. Please give me a choice. 18. They don't keep a secret. 19. Can you keep a secret? 20. Please keep a secret. 21. Do you want to make a reservation? 22. I want to make a reservation. 23. It's not easy to make a reservation. 24. I will see the sunrise tomorrow morning. 25. Did you see the sunrise? 26. I saw the sunrise with friends yesterday.

다음 우리말을 영어로 말해 보세요.

Korean	English
1. 너 오늘 방 예약했어?	
2. 우리 방 예약하자.	
3. 방을 예약하려던 참이었어.	
4. 기념품 사는 게 어때?	
5. 기념품 사러 왔어.	
6. 도움을 구해도 될까요?	
7. 실은 도움을 구하고 싶어.	
8. 도움을 구하는 게 어때?	
9. 짐 좀 들어 주세요.	
10. 짐을 들려던 참이었어.	
11. 와인 마실 수 있어?	
12. 오늘 밤에 와인 마시자.	
13. 그 여자 와인 마셔.	
14. 나 마사지 받고 싶어.	
15. 우선 마사지 받자.	

16. 오늘 마사지 받을 거야?

17. 가족들하고 브런치 먹었어.

18. 브런치 먹자.

19. 브런치 먹었어?

20. 친구를 사귀려고 노력 중이야.

21. 친구를 사귀는 건 쉽지 않아.

22. 티켓 찾았어?

23. 티켓 찾으러 왔어.

24. 택시 타자.

25. 그 남자는 택시 안 타.

26. 솔직히 오늘은 택시 타고 싶어.

1. Did you book a room today? **2.** Let's book a room. **3.** I was just about to book a room. **4.** Why don't you buy souvenirs? **5.** I'm here to buy souvenirs. **6.** Can I call out for help? **7.** Actually, I want to call out for help. **8.** Why don't you call out for help? **9.** Please carry the luggage. **10.** I was just about to carry the luggage. **11.** Can you drink wine? **12.** Let's drink wine tonight. **13.** She drinks wine. **14.** I want to get a massage. **15.** First of all, let's get a massage. **16.** Will you get a massage today? **17.** I had brunch with family. **18.** Let's have brunch. **19.** Did you have brunch? **20.** I'm trying to make a friend. **21.** It's not easy to make a friend. **22.** Did you pick up the tickets? **23.** I'm here to pick up the tickets. **24.** Let's take a taxi. **25.** He doesn't take a taxi. **26.** Honestly, I want to take a taxi today.

다음 우리말을 영어로 말해 보세요.

Korean	English
1. 내가 법을 위반하지 말라고 했잖아.	
2. 법을 위반하고 싶진 않아.	
3. 법 위반 안 했어.	
4. 칵테일 마실 수 있어?	
5. 지금은 칵테일 마시고 싶지 않아.	
6. 어젯밤에 칵테일 마셨어.	
7. 내가 번호 잊어버리지 말라고 했잖아.	
8. 나 번호 잊어버렸어.	
9. 가능하다면 번호를 잊어버리지 마세요.	
10. 충격 받았어?	
11. 너 충격 받지 않겠다고 약속했잖아.	
12. 사실을 숨겼어?	
13. 너 사실을 숨기지 않겠다고 약속했잖아.	
14. 우린 사실을 숨기지 않았어.	
15. 더 이상 실수하지 마.	

16. 내가 어제 실수하지 말라고 했잖아.

17. 실수하고 싶지 않아.

18. 온라인에서 만나자.

19. 가능하다면 난 온라인에서 만나고 싶어.

20. 그는 매일 카드 게임을 해.

21. 카드 게임 하자.

22. 카드 게임 하지 않겠다고 약속했잖아.

23. 내가 살찌지 말라고 했잖아.

24. 실은 나 살쪘어.

25. 선글라스 쓰지 마.

26. 선글라스 쓰는 게 어때?

1. I told you not to break the law. **2.** I don't want to break the law. **3.** I didn't break the law. **4.** Can you drink a cocktail? **5.** I don't want to drink a cocktail now. **6.** I drank a cocktail last night. **7.** I told you not to forget the number. **8.** I forgot the number. **9.** Please don't forget the number If possible. **10.** Did you get a shock? **11.** You promised not to get a shock. **12.** Did you hide the fact? **13.** You promised not to hide the fact. **14.** We didn't hide the fact. **15.** Don't make a mistake any more. **16.** I told you not to make a mistake yesterday. **17.** I don't want to make a mistake. **18.** Let's meet online. **19.** I want to meet online if possible. **20.** He plays card games every day. **21.** Let's play card games. **22.** You promised not to play card games. **23.** I told you not to put on some weight. **24.** Actually, I put on some weight. **25.** Don't wear sunglasses. **26.** Why don't you wear sunglasses?

다음 우리말을 영어로 말해 보세요.

Korean	English
1. 경찰 좀 불러 주세요.	
2. 우선 경찰을 부르자.	
3. 경찰을 부르려던 참이었어.	
4. 내가 아까 다리 건너지 말라고 했잖아.	
5. 다리 건너지 마.	
6. 우린 아이스크림 먹을 거야.	
7. 나 지금 아이스크림 먹고 싶어.	
8. 친구들과 아이스크림 먹었어.	
9. 너 나한테 모닝콜 해 줄 수 있어?	
10. 나한테 모닝콜 하지 말라고 했잖아.	
11. 잠깐 산책하러 가자.	
12. 난 매일 산책하러 가.	
13. 산책하러 가고 싶어.	
14. 네 영어 실력을 향상시키고 싶어?	
15. 내 영어 실력을 늘리고 싶어.	

16. 나 이제부터 영어 실력을 늘릴 거야.

17. 내가 지금 널 데리러 갈게.

18. 너 그 남자 데리러 갈 수 있어?

19. 잠깐 여행에 대해서 얘기하자.

20. 여행에 대해서 얘기하는 게 어때?

21. 거짓말하지 마.

22. 너 거짓말하지 않겠다고 약속했잖아.

23. 그는 거짓말 안 해.

24. 난 매일 대중교통을 이용해.

25. 대중교통을 이용하는 게 어때?

26. 그녀는 대중교통 이용하지 않아.

1. Please call the police. 2. First of all, let's call the police. 3. I was just about to call the police. 4. I told you not to cross the bridge a little while ago. 5. Don't cross the bridge. 6. We will eat ice cream. 7. I want to eat ice cream now. 8. I ate ice cream with friends. 9. Can you give me a wakeup call? 10. I told you not to give me a wakeup call. 11. Let's go for a walk for a while. 12. I go for a walk every day. 13. I want to go for a walk. 14. Do you want to improve your English skills? 15. I want to improve my English skills. 16. I will improve my English skills from now on. 17. I will pick you up now. 18. Can you pick him up? 19. Let's talk about travel for a while. 20. Why don't you talk about travel? 21. Don't tell a lie. 22. You promised not to tell a lie. 23. He doesn't tell a lie. 24. I use public transportation every day. 25. Why don't you use public transportation? 26. She doesn't use public transportation.

다음 우리말을 영어로 말해 보세요.

Korean	English
1. 일본 음식을 먹자.	
2. 일본 음식 먹고 싶어.	
3. 우린 어젯밤에 일본 음식을 먹었어.	
4. 너 나한테 할인해 줄 수 있어?	
5. 저한테 할인 좀 해 주세요.	
6. 경기장에 가고 싶어.	
7. 경기장에 가자.	
8. 내일 경기장에 갈 거야?	
9. 잔돈은 가지세요.	
10. 잔돈 가져도 돼요?	
11. 다른 사람들 얘기 듣지 마.	
12. 걔네는 다른 사람들 얘기 안 들어.	
13. 다른 사람들 얘기를 들으려고 노력 중이야.	
14. 납부했어?	
15. 나 오늘 납부해야 해.	

16. 더 이상 납부 안 할 거야.

17. 어제 밤새웠어?

18. 솔직히 밤새우고 싶지 않아.

19. 매일 밤을 새우는 건 어려워.

20. 한동안 외국에서 공부할 거야.

21. 외국에서 공부하고 싶어?

22. 추측해 보세요.

23. 일단 추측해 보자.

24. 네 발 씻었어?

25. 네 발을 씻는 게 어때?

26. 나 발 안 씻었어.

1. Let's eat Japanese food. 2. I want to eat Japanese food. 3. We ate Japanese food last night. 4. Can you give me a discount? 5. Please give me a discount. 6. I want to go to the stadium. 7. Let's go to the stadium. 8. Will you go to the stadium tomorrow? 9. Please keep the change. 10. Can I keep the change? 11. Don't listen to others. 12. They don't listen to others. 13. I'm trying to listen to others. 14. Did you make a payment? 15. I have to make a payment today. 16. I won't make a payment any more. 17. Did you stay up all night yesterday? 18. Honestly, I don't want to stay up all night. 19. It's hard to stay up all night every day. 20. I will study abroad for a while. 21. Do you want to study abroad? 22. Please take a guess. 23. First of all, let's take a guess. 24. Did you wash your feet? 25. Why don't you wash your feet? 26. I didn't wash my feet.

다음 우리말을 영어로 말해 보세요.

Korean	English
1. 길 좀 물어봐도 될까요?	
2. 길을 물어보려던 참이었어.	
3. 물고기를 잡는 건 쉽지 않아.	
4. 오늘 가족들과 물고기를 잡았어.	
5. 여기서 물고기 잡아도 돼?	
6. 번지 점프 하러 왔어.	
7. 걔네들 번지점프 안 했어.	
8. 솔직히 번지 점프 하고 싶지 않아.	
9. 나 일본어 배울 거야.	
10. 일본어를 배우는 건 쉽지 않아.	
11. 일본어 배우는 게 어때?	
12. 네가 원한다면 살을 뺄 수 있어.	
13. 너 살 뺄 거야?	
14. 살을 빼려던 참이었어.	
15. 여기에 나무를 심자.	

16. 나무 심으러 왔어.

17. 내가 게임하지 말라고 했잖아.

18. 가능하다면 게임하지 마.

19. 내 운세를 보러 왔어.

20. 오늘 우리 운세 보자.

21. 그녀는 매일 운세를 봐.

22. 스케이트보드 탈 수 있어?

23. 그는 매일 스케이트보드를 타.

24. 오늘 스케이트보드 타자.

25. 가족들이랑 케이블카 타고 싶어.

26. 오늘 밤에 케이블카 타자.

1. Can I ask for directions? 2. I was just about to ask for directions. 3. It's not easy to catch fish. 4. I caught fish with family today. 5. Can I catch fish here? 6. I'm here to do bungee jump. 7. They didn't do bungee jump. 8. Honestly, I don't want to do bungee jump. 9. I will learn Japanese. 10. It's not easy to learn Japanese. 11. Why don't you learn Japanese? 12. If you want, I can lose weight. 13. Will you lose weight? 14. I was just about to lose weight. 15. Let's plant a tree here. 16. I'm here to plant a tree. 17. I told you not to play games. 18. If possible, don't play games. 19. I'm here to read my fortune. 20. Let's read our fortune today. 21. She reads her fortune every day. 22. Can you ride a skateboard? 23. He rides a skateboard every day. 24. Let's ride a skateboard today. 25. I want to take a cable car with family. 26. Let's take a cable car tonight.

다음 우리말을 영어로 말해 보세요.

Korean	English
1. 잔액 확인했어?	
2. 실은 오늘 잔액 확인 안 했어.	
3. 잔액을 확인하려던 참이었어.	
4. 샐러드 먹자.	
5. 그녀는 매일 샐러드를 먹어.	
6. 샐러드를 먹지 그래?	
7. 지금부터 경치를 즐기세요.	
8. 계속해서 경치를 즐기자.	
9. 잠깐 바람 좀 쐬자.	
10. 바람 좀 쐬고 싶어.	
11. 가족들하고 소풍 갈 거야.	
12. 소풍 가고 싶어.	
13. 네 옷 걸었어?	
14. 당신 옷을 걸어 주세요.	
15. 내 옷을 걸으려던 참이었어.	

16. 디저트 주문하자.

17. 디저트 주문했어?

18. 디저트 주문하지 그래?

19. 잠깐 메뉴 보고 싶어.

20. 잠깐 메뉴 봐도 돼?

21. 우선 메뉴를 보자.

22. 화장실 사용해도 돼?

23. 화장실을 사용하지 그래?

24. 줄 서서 기다리자.

25. 걔네들 줄 서서 안 기다렸어.

26. 줄 서서 기다릴 거야.

1. Did you check the balance? 2. Actually, I didn't check the balance today. 3. I was just about to check the balance. 4. Let's eat salads. 5. She eats salads every day. 6. Why don't you eat salads? 7. Please enjoy the view from now on. 8. Let's enjoy the view over and over. 9. Let's get some fresh air for a while. 10. I want to get some fresh air. 11. I will go on a picnic with family. 12. I want to go on a picnic. 13. Did you hang up your clothes? 14. Please hang up your clothes. 15. I was just about to hang up my clothes. 16. Let's order dessert. 17. Did you order dessert? 18. Why don't you order dessert? 19. I want to see the menu for a while. 20. Can I see the menu for a while? 21. First of all, let's see the menu. 22. Can I use the bathroom? 23. Why don't you use the bathroom? 24. Let's wait in line. 25. They didn't wait in line. 26. I will wait in line.

다음 우리말을 영어로 말해 보세요.

Korean	English
1. 규칙 어기지 마.	
2. 내가 규칙 어기지 말라고 했잖아.	
3. 나 규칙 안 어겼어.	
4. 더 이상 이야기를 지어내고 싶지 않아.	
5. 난 이야기 안 지어냈어.	
6. 내 말 자르지 마.	
7. 난 네 말 자르고 싶지 않아.	
8. 난 버럭 화 안 냈어.	
9. 버럭 화내지 않겠다고 약속했잖아.	
10. 버럭 화내지 마.	
11. 난 매일 계단을 올라가.	
12. 더 이상 계단 올라가고 싶지 않아.	
13. 추가 요금 냈어?	
14. 추가 요금 내지 않아도 돼.	
15. 사실 그때 추가 요금을 냈어.	

16. 그녀는 자전거 안 타.

17. 오늘 자전거 타고 싶어?

18. 점심 먹고 자전거 타자.

19. 내가 낯선 사람하고 얘기하지 말라고 했잖아.

20. 나 낯선 사람하고 얘기 안 했어.

21. 어제 송금했어?

22. 송금하려던 참이었어.

23. 그들은 송금하지 않았어.

24. 시간 낭비 하지 않겠다고 약속했잖아.

25. 난 더 이상 시간 낭비 안 할 거야.

26. 시간 낭비 하지 마.

1. Don't break the rule. 2. I told you not to break the rule. 3. I didn't break the rule. 4. I don't want to cook up a story any more. 5. I didn't cook up a story. 6. Don't cut me off. 7. I don't want to cut you off. 8. I didn't fly off the handle. 9. You promised not to fly off the handle. 10. Don't fly off the handle. 11. I go up the steps every day. 12. I don't want to go up the steps any more. 13. Did you pay an extra charge? 14. You don't have to pay an extra charge. 15. Actually, I paid an extra charge at that time. 16. She doesn't ride a bicycle. 17. Do you want to ride a bicycle today? 18. Let's ride a bicycle after lunch. 19. I told you not to talk to strangers. 20. I didn't talk to strangers. 21. Did you transfer money yesterday? 22. I was just about to transfer money. 23. They didn't transfer money. 24. You promised not to waste time. 25. I won't waste time any more. 26. Don't waste time.

다음 우리말을 영어로 말해 보세요.

Korean	English
1. 다른 사람에게 물어봐도 돼?	
2. 다른 사람에게 물어보려고 노력 중이야.	
3. 우선 다른 사람에게 물어보자.	
4. 내 가방 들어 줄 수 있어?	
5. 제 가방 좀 들어 주세요.	
6. 내일 가족들과 휴가 갈 거야.	
7. 나 사실 휴가 가고 싶어.	
8. 걔네들 휴가 갔어.	
9. 우리 길을 떠나자.	
10. 길을 떠나려던 참이었어.	
11. 차비 냈어?	
12. 우린 차비 냈어.	
13. 차비를 내려던 참이었어.	
14. 겨울에 보트 타는 건 쉽지 않아.	
15. 보트 타러 왔어.	

16. 친구들하고 보트 탈 거야.

17. 내가 여기서 수다 떨지 말라고 했잖아.

18. 수다 떨지 마.

19. 친구들하고 수다 떨고 싶어.

20. 난 매일 법을 지켜.

21. 난 법을 지키려고 노력 중이야.

22. 그는 법을 안 지켜.

23. 제스처 써도 돼?

24. 더 이상 제스처 쓰지 마.

25. 관광 명소에 가고 싶어.

26. 오늘 관광 명소 갈 거야?

1. Can I ask someone else? **2.** I'm trying to ask someone else. **3.** First of all, let's ask someone else. **4.** Can you carry my bag? **5.** Please carry my bag. **6.** Tomorrow, I will go on a vacation with family. **7.** Actually, I want to go on a vacation. **8.** They went on a vacation. **9.** Let's hit the road. **10.** I was just about to hit the road. **11.** Did you pay the fare? **12.** We paid the fare. **13.** I was just about to pay the fare. **14.** It's not easy to ride on a boat in winter. **15.** I'm here to ride on a boat. **16.** I will ride on a boat with friends. **17.** I told you not to shoot the breeze here. **18.** Don't shoot the breeze. **19.** I want to shoot the breeze with friends. **20.** I stay within the law every day. **21.** I'm trying to stay within the law. **22.** He doesn't stay within the law. **23.** Can I use gestures? **24.** Don't use gestures any more. **25.** I want to visit tourist attractions. **26.** Will you visit tourist attractions today?

다음 우리말을 영어로 말해 보세요.

Korean	English
1. 가능하다면 당신 인생을 즐기세요.	
2. 그는 그의 인생을 즐겨.	
3. 이제부터 내 인생을 즐길 거야.	
4. 메시지 받았어?	
5. 나 메시지 안 받았어.	
6. 우선 메시지를 받으세요.	
7. 가족들과 관광할 거야.	
8. 너 오늘 관광할 거야?	
9. 나 관광하고 싶어.	
10. 내가 널 행복하게 만들어 줄게.	
11. 그를 행복하게 만들어 줄 수 있니?	
12. 사용료를 내 주세요.	
13. 조금 전에 사용료를 냈어.	
14. 그녀는 사용료를 내지 않아.	
15. 나 바지 좀 걷어올리고 싶어.	

16. 너 바지 걷어올리지 마.

17. 저랑 함께 있어요.

18. 오늘 밤은 너랑 함께 있고 싶어.

19. 계속해서 나랑 함께 있고 싶어?

20. 웹사이트 방문했어?

21. 더 이상 웹사이트 방문 안 해도 돼.

22. 오늘 아침에 웹사이트 방문했어.

23. 길을 걷고 싶어.

24. 잠깐 길 좀 걷자.

25. 사실 더 이상 편지 쓰고 싶지 않아.

26. 편지 쓰는 게 어때?

1. If possible, please enjoy your life. 2. He enjoys his life. 3. I will enjoy my life from now on. 4. Did you get the message? 5. I didn't get the message. 6. First of all, please get the message. 7. I will go sightseeing with family. 8. Will you go sightseeing today? 9. I want to go sightseeing. 10. I will make you happy. 11. Can you make him happy? 12. Please pay a usage fee. 13. I paid a usage fee a little while ago. 14. She doesn't pay a usage fee. 15. I want to roll up my pants. 16. Don't roll up your pants. 17. Please stay with me. 18. I want to stay with you tonight. 19. Do you want to stay with me over and over? 20. Did you visit the website? 21. You don't have to visit the website any more. 22. I visited the website this morning. 23. I want to walk along the street. 24. Let's walk along the street for a while. 25. Actually, I don't want to write a letter any more. 26. Why don't you write a letter?

다음 우리말을 영어로 말해 보세요.

Korean	English
1. 매일 차를 얻어 타는 건 쉽지 않아.	
2. 더 이상 차 얻어 타고 싶지 않아.	
3. 잠깐 차 좀 얻어 타도 돼?	
4. 곤충 좀 잡아 주세요.	
5. 솔직히 곤충 잡고 싶지 않아.	
6. 만날 장소를 바꾸고 싶어.	
7. 내가 만나는 장소 바꾸지 말라고 했잖아.	
8. 지도 확인했어?	
9. 잠깐 지도를 확인해 주세요.	
10. 솔직히 겨울에 바다로 다이빙하는 건 어려워.	
11. 그들은 바다로 다이빙해.	
12. 더 이상 야생동물에게 먹이 주지 마.	
13. 야생동물에게 먹이 줘도 돼?	
14. 야생동물에게 먹이 주고 싶어.	
15. 잃어버린 지갑 찾았어?	

16. 우린 오늘 아침에 잃어버린 지갑을 찾았어.

17. 잃어버린 지갑을 찾는 건 쉽지 않아.

18. 우선 우리 짐을 꾸리자.

19. 네 짐 꾸렸어?

20. 더 이상 네 짐 안 꾸려도 돼.

21. 차에 기름 넣었어?

22. 차에 기름 넣자.

23. 차에 기름 넣으러 왔어.

24. 내가 차에서 자지 말라고 했잖아.

25. 그 남자는 차에서 자.

26. 난 차에서 자고 싶지 않아.

1. It's not easy to bum a ride every day. **2.** I don't want to bum a ride any more. **3.** Can I bum a ride for a while? **4.** Please catch insects. **5.** Honestly, I don't want to catch insects. **6.** I want to change the meeting place. **7.** I told you not to change the meeting place. **8.** Did you check the map? **9.** Please check the map for a while. **10.** Honestly, It's hard to dive into the ocean in winter. **11.** They dive into the ocean. **12.** Don't feed wild animals any more. **13.** Can I feed wild animals? **14.** I want to feed wild animals. **15.** Did you find the lost purse? **16.** We found the lost purse this morning. **17.** It's not easy to find the lost purse. **18.** First of all, let's pack up our things. **19.** Did you pack up your things? **20.** You don't have to pack up your things any more. **21.** Did you put gas in the car? **22.** Let's put gas in the car. **23.** I'm here to put gas in the car. **24.** I told you not to sleep in the car. **25.** He sleeps in the car. **26.** I don't want to sleep in the car.

다음 우리말을 영어로 말해 보세요.

Korean	English
1. 가능하다면 당신 개인 소지품을 가져오세요.	
2. 넌 개인 소지품을 가져오지 않아도 돼.	
3. 내가 네 개인 소지품 가져오지 말라고 했잖아.	
4. 열대과일을 사러 왔어.	
5. 열대과일을 사고 싶어.	
6. 어제 열대과일 샀어?	
7. 우선 가격표를 확인하자.	
8. 가격표 확인했어?	
9. 가격표 확인하려던 참이었어.	
10. 우린 손으로 먹지 않아.	
11. 너 손으로 먹지 마.	
12. 음식 남기지 마.	
13. 음식 남기고 싶어?	
14. 작별 인사를 하고 싶지 않아.	
15. 작별 인사 하러 왔어.	

16. 오늘 약 먹었어?

17. 더 이상 약 먹고 싶지 않아.

18. 그녀는 매일 약을 먹어.

19. 점원에게 얘기해도 돼?

20. 점원에게 얘기했어?

21. 점원에게 얘기하려던 참이었어.

22. 내가 술을 입에 대지 말라고 했잖아.

23. 그는 술을 입에 안 대.

24. 해변을 걷고 싶어?

25. 잠깐 해변을 걷자.

26. 저녁 먹고 해변을 걷는 게 어때?

1. If possible, please bring your personal belongings. 2. You don't have to bring your personal belongings. 3. I told you not to bring your personal belongings. 4. I'm here to buy tropical fruits. 5. I want to buy tropical fruits. 6. Did you buy tropical fruits yesterday? 7. First of all, let's check the price tag. 8. Did you check the price tag? 9. I was just about to check the price tag. 10. We don't eat with our hands. 11. Don't eat with your hands. 12. Don't leave some food. 13. Do you want to leave some food? 14. I don't want to say goodbye. 15. I'm here to say goodbye. 16. Did you take medicine today? 17. I don't want to take medicine any more. 18. She takes medicine every day. 19. Can I talk to the clerk? 20. Did you talk to the clerk? 21. I was just about to talk to the clerk. 22. I told you not to touch alcohol. 23. He doesn't touch alcohol. 24. Do you want to walk along the beach? 25. Let's walk along the beach for a while. 26. Why don't you walk along the beach after dinner?

다음 우리말을 영어로 말해 보세요.

Korean	English
1. 액세서리 사러 왔어.	
2. 우선 액세서리를 사자.	
3. 한 번에 마시지 마.	
4. 한 번에 마시지 않기로 약속했잖아.	
5. 그는 한 번에 마셔.	
6. 남은 음식을 먹지 마.	
7. 내가 남은 음식 먹지 말라고 했잖아.	
8. 남은 음식 먹어도 돼?	
9. 내가 아프지 말라고 했잖아.	
10. 나 어제 아팠어.	
11. 아프지 마.	
12. 이불 갰어?	
13. 우선 이불 개자.	
14. 나 코 안 골았어.	
15. 코 골지 마.	

16. 너 어젯밤에 코 골았어.

17. 더 이상 네 몸 긁지 마.

18. 내가 네 몸 긁지 말라고 했잖아.

19. 어제 친구들과 소파에서 잤어.

20. 더 이상 소파에서 자고 싶지 않아.

21. 신발을 벗어 주세요.

22. 신발 벗어도 돼?

23. 여기선 신발 벗지 마.

24. 내일 저 좀 깨워 주세요.

25. 더 이상 나 깨우지 마.

26. 나 깨우지 말라고 했잖아.

1. I'm here to buy accessories. 2. First of all, let's buy accessories. 3. Don't drink in one shot. 4. You promised not to drink in one shot. 5. He drinks in one shot. 6. Don't eat leftover food. 7. I told you not to eat leftover food. 8. Can I eat leftover food? 9. I told you not to get sick. 10. I got sick yesterday. 11. Don't get sick. 12. Did you make the bed? 13. First of all, let's make the bed. 14. I didn't saw logs. 15. Don't saw logs. 16. You sawed logs last night. 17. Don't scratch your body any more. 18. I told you not to scratch your body. 19. Yesterday, I slept on the couch with friends. 20. I don't want to sleep on the couch any more. 21. Please take off the shoes. 22. Can I take off the shoes? 23. Don't take off the shoes here. 24. Please wake me up tomorrow. 25. Don't wake me up any more. 26. I told you not to wake me up.

계획표

Mon	Tue	Wed
DAY 01 19~28쪽 집중 듣기 ↓ 강의 듣기 ↓ 스피킹 훈련 DATE /	DAY 02 29~38쪽 집중 듣기 ↓ 강의 듣기 ↓ 스피킹 훈련 DATE /	DAY 03 39~48쪽 집중 듣기 ↓ 강의 듣기 ↓ 스피킹 훈련 DATE /
DAY 06 69~78쪽 집중 듣기 ↓ 강의 듣기 ↓ 스피킹 훈련 DATE /	DAY 07 79~88쪽 집중 듣기 ↓ 강의 듣기 ↓ 스피킹 훈련 DATE /	DAY 08 89~98쪽 집중 듣기 ↓ 강의 듣기 ↓ 스피킹 훈련 DATE /
DAY 11 119~128쪽 집중 듣기 ↓ 강의 듣기 ↓ 스피킹 훈련 DATE /	DAY 12 129~138쪽 집중 듣기 ↓ 강의 듣기 ↓ 스피킹 훈련 DATE /	DAY 13 139~148쪽 집중 듣기 ↓ 강의 듣기 ↓ 스피킹 훈련 DATE /
DAY 16 169~178쪽 집중 듣기 ↓ 강의 듣기 ↓ 스피킹 훈련 DATE /	DAY 17 179~188쪽 집중 듣기 ↓ 강의 듣기 ↓ 스피킹 훈련 DATE /	DAY 18 189~198쪽 집중 듣기 ↓ 강의 듣기 ↓ 스피킹 훈련 DATE /

Thu	Fri	주말 복습
DAY 04 49~58쪽 집중 듣기 → 강의 듣기 → 스피킹 훈련 DATE /	DAY 05 59~68쪽 집중 듣기 → 강의 듣기 → 스피킹 훈련 DATE /	PART 2 DAY 01~05 222~231쪽 부가자료 딕테이션 테스트 표현 퀴즈
DAY 09 99~108쪽 집중 듣기 → 강의 듣기 → 스피킹 훈련 DATE /	DAY 10 109~118쪽 집중 듣기 → 강의 듣기 → 스피킹 훈련 DATE /	PART 2 DAY 06~10 232~241쪽 부가자료 딕테이션 테스트 표현 퀴즈
DAY 14 149~158쪽 집중 듣기 → 강의 듣기 → 스피킹 훈련 DATE /	DAY 15 159~168쪽 집중 듣기 → 강의 듣기 → 스피킹 훈련 DATE /	PART 2 DAY 11~15 242~251쪽 부가자료 딕테이션 테스트 표현 퀴즈
DAY 19 199~208쪽 집중 듣기 → 강의 듣기 → 스피킹 훈련 DATE /	DAY 20 209~218쪽 집중 듣기 → 강의 듣기 → 스피킹 훈련 DATE /	PART 2 DAY 16~20 252~261쪽 부가자료 딕테이션 테스트 표현 퀴즈